A HISTÓRIA DO BRASIL NO SÉCULO 20 (1900-1920)

FOLHA
EXPLICA

A HISTÓRIA DO BRASIL NO SÉCULO 20 (1900-1920)

OSCAR PILAGALLO

PUBLIFOLHA

Editor
Arthur Nestrovski

Assistência editorial
Paulo Nascimento Verano
Marcelo Ferlin Assami

Capa e projeto gráfico
Silvia Ribeiro

Assistência de produção gráfica
Soraia Pauli Scarpa

Revisão
Mário Vilela

Fotos
Iconographia

Editoração eletrônica
Picture studio & fotolito

Dados internacionais de Catalogação na Publicação (CIP)
(Câmara Brasileira do Livro, SP, Brasil)

Pilagallo, Oscar
A história do Brasil no século 20 (1900-1920) / Oscar Pilagallo. – São Paulo : Publifolha, 2002. – (Folha explica)

ISBN 85-7402-349-3

1. Brasil – História – República Velha, 1889-1930.
2. Brasil – História – Século 20. Título. II. Série.

02-0417 CDD-981.05

Índices para catálogo sistemático:
1. Brasil : História : 1900-1920 981.05

PUBLIFOLHA
Divisão de Publicações do Grupo Folha

Al. Barão de Limeira, 401, 6° andar, CEP 01202-001, São Paulo, SP
Tel.: (11) 3224-2196/2202/2205 – Site: www.publifolha.com.br

Os leitores interessados em fazer sugestões podem escrever para Publifolha no endereço acima, enviar um fax para (11) 3224-2163 ou um e-mail para publifolha@publifolha.com.br

SUMÁRIO

Este é o primeiro livro de uma série de cinco sobre a história do Brasil no século 20. Cada um abrange um período de vinte anos. A divisão, embora arbitrária, ajuda na identificação das diversas fases pelas quais o país passou. Vai-se da afirmação do regime republicano (neste volume) à reconquista da democracia (no quinto). Lida na seqüência cronológica, a série oferece um amplo painel do Brasil moderno e contemporâneo. Cada livro, porém, encerra uma unidade autônoma e não pressupõe a consulta aos demais volumes.

INTRODUÇÃO

Há períodos da história do Brasil para os quais não faltam definições prontas e acabadas. Os dez primeiros anos da República, por exemplo, são descritos como um período de acomodação do novo regime, uma fase marcada pela ascensão oligárquica depois dos mandatos dos militares. Os anos 20, outro exemplo, transformaram-se no caldeirão em que ferveram as revoltas anunciadoras do Brasil moderno, que começaria a surgir com a Revolução de 30.

O que dizer, porém, das duas décadas que fazem a ponte entre esses dois momentos? O Brasil desse intervalo, de 1900 a 1920, não é um país de contornos nítidos – tudo é um pouco indefinido, como num salão enfumaçado da *Belle Époque*. É comum associar os primeiros anos do século 20 às invenções que encantavam a sociedade urbana, mas para esse traço marcante da história tecnológica e social não há correspondente na história política. Nesses

20 anos, encontram-se tanto resquícios da disputa típica do início da República como raízes do agito dos anos 20.

O período é inaugurado por dois governos que, num espaço de oito anos, encapsulam os dois extremos entre os quais o país nunca mais deixaria de oscilar, num movimento de pêndulo que vai da recessão saneadora ao desenvolvimento inflacionário. Os governos são os de Campos Salles (1898-1902) e Rodrigues Alves (1902-6). A importância dessas duas gestões para a atualidade pode ser medida por uma declaração de Celso Lafer. Ministro do Desenvolvimento, ele comentou em 1999: "Acho que o presidente Fernando Henrique Cardoso tem a oportunidade de fazer uma gestão que combine um ajuste econômico histórico, como o de Salles, com um grande desenvolvimento de obras, como Alves fez".[1]

Fernando Henrique Cardoso, que certamente teve seus dias de Campos Salles, parece esperar ser avaliado pela história também como um Rodrigues Alves. A ambição não seria de hoje. Quase 20 anos antes do Plano Real, em 1975, o sociólogo Fernando Henrique Cardoso escreveu um texto em que se mostrava mais inclinado para o presidente desenvolvimentista. Ao se referir ao saneamento das finanças e à correção da euforia do início da República, o futuro presidente usou os termos entre aspas, sem endossar, portanto, o sentido que em geral é atribuído àquelas reformas. Campos Salles seria o responsável por "uma quebra de quase metade do sistema bancário". Já Rodrigues Alves é retratado por Fernando

---

[1] Entrevista à *Folha de S.Paulo* em 14 de abril de 1999.

Henrique como o presidente que "espalha pelo país, a partir do Rio, uma aura de modernidade".[2]

A correspondência entre dois períodos separados por quase cem anos empresta um interesse especial aos eventos do início do século 20. Os governos de Campos Salles e de Rodrigues Alves, que inauguram os anos 1900, são objeto dos capítulos 1 e 2. Lá, o leitor encontrará elementos para avaliar se procede o paralelo histórico identificado por Lafer.

O capítulo 3 é dedicado ao café, a principal mola da economia durante a República Velha. Os mecanismos de valorização aí descritos viriam a influenciar os destinos do país por décadas.

O capítulo 4 trata das guerras e revoltas que ocorreram durante o governo do marechal Hermes da Fonseca. Mencionou-se antes que, no período abordado neste livro, encontram-se raízes dos anos 20. Aí estão algumas delas. Ao agitarem a corporação militar, essas revoltas são, por assim dizer, a pré-história do tenentismo.

O capítulo 5, por fim, descreve a consolidação da política do café-com-leite, com base num compromisso entre São Paulo e Minas Gerais que dura até a derrubada da República Velha.

Essa é a história que se quer contar.

"A história", escreveu Machado de Assis, "é a crônica da palavra." Machado pensava nas "cabeças salientes do passado", que com suas "bocas eloqüentes" nos legaram relatos de seu tempo. "A história não é um simples quadro de acontecimentos; é mais, é o

[2] Fernando Henrique Cardoso, *Dos Governos Militares a Prudente – Campos Salles*, estudo incluído em *História Geral da Civilização Brasileira* (Rio de Janeiro: Bertrand Brasil, 1997, 6ª ed.); p. 36-7.

verbo feito livro."[3] O que aqui se inicia buscará essas vozes, como a do próprio Machado.

---

[3] Machado de Assis, "A Reforma Pelo Jornal", em *Obra Completa*, v. 3 (Rio de Janeiro: Nova Aguilar, 1994); p. 963.

1. O PÂNICO DE 1900

Na entrada dos 1900, o Brasil prometia. No ano inaugural – para dar uma dimensão da promessa –, publicou-se *Dom Casmurro*, o maior romance do maior romancista brasileiro. É verdade que o livro fora editado no ano anterior, mas até 1900 ninguém ouvira falar de Bentinho e Capitu, as personagens principais. O apogeu de Machado de Assis (1839-1908) pode ser um detalhe da história do Brasil, mas não deixa de simbolizar uma época que parecia alvissareira.

Não só a literatura ia bem. O Brasil – ou, se não o Brasil, pelo menos um brasileiro – brilhava na tecnologia de ponta. Em 1901, Santos-Dumont deslumbrou Paris ao contornar a torre Eiffel num balão dirigível. Diferentemente de Machado, o inventor ainda estava longe do ápice de sua carreira, que seria atingido em 1906, ao realizar o primeiro vôo público com um avião. Como a grande maioria dos brasileiros era analfabeta, talvez tenha sido Santos-Dumont (1873-1932), e não Machado, o melhor ícone daqueles tempos auspiciosos.

Vivia-se a *Belle Époque*. Antenada na moda e nos costumes ditados pela França, a elite brasileira ganhava um verniz de sofisticação. As cidades cresciam e influenciavam os novos hábitos. Dândis e melindrosas flanavam diante de fachadas *art-nouveau*. Os automóveis, importados, começavam a surgir. O primeiro deles, aliás, do escritor José do Patrocínio, foi também o primeiro a se acidentar, nas mãos do amigo Olavo Bilac, que, além de maior poeta do Brasil, era estrábico e não sabia dirigir.

Os carros, como os tecidos finos e toda sorte de supérfluos, eram comprados com o dinheiro do café.[4] Embora tivessem vivido dias melhores, os cafeicultores também não podiam reclamar: na virada do século, a oferta podia ser excessiva, e o câmbio, desfavorável, mas o governo não os deixava totalmente na mão – afinal, o café brasileiro, responsável por três quartos da produção mundial,[5] dominava a pauta de exportações.

O ambiente econômico mundial ajudava. Depois da crise da segunda metade do século anterior,[6] os países ricos estavam recuperados. Então no auge, o padrão-ouro, ao azeitar o comércio internacional, pro-

---

[4] A economia do país era predominantemente agrícola. Em 1900, quase dois terços da população de 17,3 milhões de pessoas viviam no campo.

[5] Thomas Skidmore, *Uma História do Brasil* (São Paulo: Paz e Terra, 2000, 3ª ed.); p. 117.

[6] A depressão de 1875, uma das crises cíclicas daquele estágio do capitalismo, teve impacto no Brasil. O barão de Mauá, por exemplo, o maior empreendedor da época, foi obrigado a encerrar suas atividades. Uma descrição dos efeitos da crise mundial no Brasil se encontra em *Mauá, Empresário do Império*, de Jorge Caldeira (São Paulo: Companhia das Letras, 1995).

porcionava prosperidade, da qual países periféricos como o Brasil também se beneficiavam.[7] Esse período seria mais tarde chamado de a "era das certezas", para contrastar com a "era das incertezas" inaugurada com a Primeira Guerra Mundial, em 1914.

O clima de otimismo se estendia ao quadro institucional. O regime republicano, que mal completara dez anos, dava sinais de consolidação, depois de ter enfrentado revoltas e revoluções sangrentas na primeira década.

Essas notícias do início do século 20 estavam nos jornais da época, mas não contam a história toda. Por isso, convém olhar para elas como Bentinho olhava para Capitu – com desconfiança. Elas tiravam de foco outra realidade, nada glamourosa. O fato era que, fora dos salões afrancesados, o país amargava uma arrasadora recessão.

O ENCILHAMENTO

A recessão foi a conta apresentada à sociedade pelos excessos financeiros dos primeiros anos da República.

---

[7] O padrão-ouro foi introduzido em países ricos no final da década de 1870. O sistema pressupõe que todo o papel-moeda pode ser convertido em ouro. Em 1914, com o início da Primeira Guerra Mundial, os países beligerantes emitiram dinheiro sem esse lastro para fazer frente aos gastos militares. O papel-moeda, portanto, não estava mais garantido por depósitos em ouro. Reintroduzido após o fim dos conflitos, o sistema sofreu novo abalo com a crise de 1929. Ainda experimentou uma sobrevida antes de ter sido definitivamente enterrado em 1971, quando os EUA desvincularam o dólar do metal. Até hoje, porém, o ouro é importante referência cambial. Sobre esse assunto, ver João Sayad, *O Dólar*, nesta mesma série (São Paulo: Publifolha, 2001).

A estréia do regime, em 1889, fora marcada por uma formidável atividade especuladora. De olho no lucro fácil dos negócios, que, acreditava-se, deslanchariam com os novos tempos, a elite se comportava como se estivesse num cassino ou no Jockey Club, apostando em corrida de cavalo. Não é à toa que o período ficou conhecido como Encilhamento, expressão oriunda do turfe que designa o momento anterior à largada, justamente quando as apostas se multiplicam.

O mercado de ações operava em plena rua, no centro do Rio de Janeiro, a capital. A improvisação na Bolsa de Valores fazia parecer mais frenética a atuação dos especuladores. Eles anotavam os preços nos punhos das camisas e, enquanto gritavam suas propostas, mal se davam conta de que impediam a passagem dos bondes, na descrição do visconde de Taunay, que escreveu um romance sobre o Encilhamento.[8]

A febre especulativa foi conseqüência de um plano de rápida industrialização de autoria de Rui Barbosa (1849-1923), ministro da Fazenda do marechal Deodoro da Fonseca, o proclamador da República. Rui Barbosa não partiu do nada. Na realidade, continuou uma reforma bancária liberal deixada pelo último gabinete do Império, radicalizando a experiência.

A idéia central de Rui Barbosa consistia em estimular a diversificação da economia, então concentrada no setor cafeeiro. Só com o desenvolvimento acelerado, raciocinava o ministro, seria possível absorver a mão-de-obra escrava liberada pela Lei Áurea, de

---

[8] Visconde de Taunay, *O Encilhamento – Cenas Contemporâneas da Bolsa em 1890, 1891 e 1892* (São Paulo: Companhia Melhoramentos de S. Paulo, 1893, 2ª ed.).

1888. Para tanto, era preciso facilitar o surgimento de novas empresas, o que exigia crédito. Essa necessidade levou o governo a aprovar uma lei que estabelecia que as notas emitidas pelos bancos privados fossem aceitas como moeda.[9]

Qualquer banco, independentemente da solidez, emitia títulos. "Quase diariamente", escreve o visconde de Taunay, "se viam na circulação monetária notas de todos os tipos, algumas novinhas, faceiras, artísticas, com figuras de bonitas mulheres e símbolos elegantes, outras sarapintadas às pressas, emplastradas de largos e nojentos borrões." A ficção é fiel aos fatos.

Com esse dinheiro em caixa, os bancos de emissão – como eram chamados – concediam empréstimos, financiando a arrancada da economia. O crédito fácil gerou euforia. Sem regulamentação apropriada, no entanto, os abusos foram constantes. A forte demanda por ações fazia com que até papéis de empresas-fantasmas fossem vendidos com ágio. A espiral de preços no mercado acionário, no entanto, logo se mostraria insustentável. No início de 1891, pouco mais de um ano após ter tomado posse, Rui Barbosa renunciou. A bolha especulativa havia estourado.

A política desenvolvimentista teve custo elevado. O excesso de liquidez provocou inflação, e a liberalidade nos empréstimos resultou em dívidas incobráveis, ameaçando o sistema financeiro nacional. Foi nesse contexto que uma contra-reforma gerou a recessão.

---

[9] Uma rara análise com viés favorável às reformas de Rui Barbosa é apresentada em *História Monetária do Brasil*, de Carlos Manuel Peláez e Wilson Suzigan (Brasília: Ed. da UnB, 1981); p. 137-44.

A CONTRA-REFORMA

A primeira tentativa de estabilização econômica se deu logo em seguida, a partir de 1892. Mas aqueles tempos não se mostravam propícios para a austeridade. O governo enfrentava insurreições armadas e se via obrigado a fazer despesas extras para sufocá-las, pressionando o Orçamento. Em 1893, durante o governo do marechal Floriano Peixoto, eclodiram a Revolução Federalista[10] e a Revolta da Armada.[11] Três anos mais tarde, sob a presidência de Prudente de Morais, teve início a Guerra de Canudos.[12]

A contra-reforma, portanto, ficaria para mais tarde, quando o ambiente político estivesse desanuviado. Como demorou alguns anos até que a paz fosse restabelecida, foi só na gestão de Campos Salles, a partir de 1898, oito anos depois do Encilhamento, que o país começou a pagar pela extravagância financeira.

O novo presidente tinha firme convicção ortodoxa sobre as questões econômicas. Nos anos que se seguiram ao Encilhamento, quando ocupava uma cadeira no Senado, apoiara o então ministro da Fazenda, Rodrigues Alves, e seu esforço de impor medidas de austeridade. Mais tarde, logo após ter sido eleito, não

---

[10] A Revolução Federalista opôs republicanos e antigos liberais dos tempos da monarquia. Iniciada em fevereiro de 1893 no Rio Grande do Sul, provocou 12 mil mortes nos 31 meses que durou.

[11] A Revolta da Armada, entre 1893 e 1894, foi um movimento da Marinha, instituição monarquista, contra o marechal Floriano. Terminou sufocada pelo governo federal.

[12] A Guerra de Canudos foi o combate entre tropas do governo federal e uma comunidade no interior da Bahia liderada por Antônio Conselheiro. Depois de várias derrotas, as forças do governo exterminaram, em 1897, esse movimento messiânico e crítico da República. O conflito é descrito em *Os Sertões*, obra-prima de Euclides da Cunha, publicada em 1902.

esperou a posse para negociar a dívida externa com os credores estrangeiros. O Tesouro praticamente não tinha mais dinheiro, e parecia temerário aguardar a transmissão do cargo, em 15 de novembro de 1898, para encaminhar uma solução para a crise.

Assim, já no primeiro semestre, Campos Salles (1841-1913) embarcou para a Europa, chefiando uma delegação brasileira a Londres, onde obteve do principal credor do Brasil – a Casa Rothschild – um *funding loan*. Tratava-se de um empréstimo de 10 milhões de libras esterlinas para pagamento dos juros da dívida. Com o acordo, o país escapou da insolvência – durante os 13 anos de moratória do principal da dívida, não teria mais com que se preocupar nesse *front*. Para se certificarem de que receberiam de volta o dinheiro, porém, os banqueiros britânicos fizeram duras exigências.

Para começar, a renda da alfândega do porto do Rio de Janeiro – uma das principais fontes de arrecadação – foi oferecida em garantia. Além disso, os credores impuseram uma política de valorização cambial. Uma cláusula no contrato forçava o governo a queimar cédulas de mil-réis e proibia os bancos de fazer emissões. Assim, com menos dinheiro em circulação, a moeda se valorizaria. Havia também a obrigação de implementar medidas antiinflacionárias, e o governo providenciou um superávit orçamentário, cortando despesas e aumentando drasticamente a carga tributária, inclusive com a criação de novos impostos, como o do selo, o que valeu ao presidente o apelido de Campos Selos.

Para executar essa política de austeridade, Campos Salles contou com um ministro da Fazenda tão adepto do liberalismo econômico quanto os banqueiros londrinos. Se tivessem assumido a pasta, os Rothschild não teriam feito mais do que Joaquim Murtinho, descrito por seus críticos como um darwinista-social.[13] Determinado a contrair a economia, Murtinho não hesitou em alijar do mercado os produtores considerados ineficientes, agravando o desemprego. O ministro achava que o Brasil deveria investir em sua vocação agrícola e esquecer a idéia de industrialização. Chegou até a argumentar que "a indústria não era viável no Brasil devido à inferioridade racial de seus habitantes em relação aos dos países industriais norte-americanos e europeus".[14] É verdade que a política de valorização cambial também prejudicou os cafeicultores, cujas exportações encareceram, mas em compensação o setor foi beneficiado com a elevação dos impostos, que atingiu principalmente o comércio e os consumidores.

Ao ter liquidado o Encilhamento, a contra-reforma de Murtinho provocou pânico. Houve uma onda de falências, que não poupou o setor bancário: 17 instituições de crédito faliram, e até o Banco do Brasil esteve sob ameaça de fechar as portas. Em setembro de 1900, dois anos após o *funding loan* ter entrado em vigor, a crise financeira era generalizada.

ASCENSÃO DA OLIGARQUIA

Embora o setor cafeeiro tivesse sido prejudicado pela política de valorização cambial, a gestão de Campos Salles consolidou o que seria chamado de República dos Cafeicultores.

---

[13] Peláez e Suzigan, em *História Monetária...*, preferem a variação "darwinismo econômico".

[14] Peláez e Suzigan, *História Monetária...*; p. 145.

Nascido numa família de grandes fazendeiros de café, Campos Salles foi, em 1873, um dos fundadores do Partido Republicano Paulista, legenda associada aos interesses dos cafeicultores do estado. Com a proclamação da República, Campos Salles esteve próximo do poder desde o primeiro momento, como representante da oligarquia agrária. Foi ministro, senador e governador de São Paulo, cargo que ocupava quando venceu a eleição presidencial. Instalado no palácio do Catete, Campos Salles deu seqüência à política conservadora de seu antecessor, Prudente de Morais (1841-1902), o primeiro presidente civil, que imprimiu na República Velha as características que teria até ser derrubada, com a Revolução de 30.

Até então, o novo regime havia sido dominado pelos militares. O marechal Floriano Peixoto, que assumira com a renúncia de Deodoro da Fonseca em 1891, não tinha a simpatia dos conservadores. Chamado de Marechal de Ferro, mostrou-se centralizador, enfrentou os liberais, ajudou a indústria, ganhou o apoio da classe média e estimulou o jacobinismo, movimento que exaltava a pureza dos princípios republicanos e se identificava com um nacionalismo xenófobo. Nada disso, evidentemente, agradava à oligarquia.

Coube ao paulista Prudente de Morais acabar com o florianismo que emanava do Rio de Janeiro. Em fins de 1896, com dois anos de mandato, o presidente adoeceu e passou o cargo interinamente ao vice, Manuel Vitorino, um notório florianista que governou como se o presidente estivesse definitivamente afastado. Passados pouco mais de três meses, no entanto, Prudente de Morais voltou de seu retiro em Teresópolis e reassumiu a Presidência. Frustrados com a reviravolta inesperada, soldados da ala florianista do

Exército iniciaram uma conspiração contra o presidente. Em novembro de 1897, durante as comemorações do retorno das tropas do governo, vitoriosas na Guerra de Canudos, Prudente de Morais sofreu um atentado em que seu ministro da Guerra perdeu a vida. O presidente saiu do episódio como herói e teve forças para derrotar os florianistas, afastando os militares da política. Estava aberto o caminho para uma República civil, liberal, agrária e federalista – enfim, uma República oligárquica.

POLÍTICA DOS GOVERNADORES

A tarefa de Campos Salles consistiu em completar a transição iniciada por seu antecessor. Livre do espectro do florianismo, o novo presidente se dedicou a descentralizar o poder, atendendo assim aos interesses oligárquicos locais. São Paulo e Minas Gerais, os estados mais fortes, eram, naturalmente, os que mais se beneficiavam. O fortalecimento do sistema federativo significava um retorno ao espírito da primeira Constituição da República, de 1891. Distanciando-se da centralização típica do Império, a nova Carta dava ampla autonomia aos estados, que, entre outras regalias, podiam ter sua própria força militar e contrair empréstimos no exterior sem a intervenção do governo federal.

Foi com o intuito de intensificar essa descentralização, privilegiando as elites locais dominantes, que Campos Salles promoveu a "política dos estados", que seus críticos logo chamaram de "política dos governadores". Na prática, o sistema tirava poder do Congresso – que às vezes servia de freio à ação do Executivo – e o transferia para os governadores, que, em troca, apoiavam o presidente por intermédio de suas bancadas.

Para que o sistema funcionasse a contento, era preciso garantir que os congressistas fossem dóceis ao governo federal, o que só seria possível com a manipulação do resultado das eleições. E foi o que Campos Salles fez, patrocinando uma reforma no regimento da Câmara. Sem querer correr o risco de enfrentar a oposição, o governo criou um mecanismo que impedia a posse dos eleitos que não tivessem as bênçãos do poder estadual. Eles eram submetidos a uma comissão do próprio Legislativo, cuja presidência ficava a cargo de um político governista. Só se o candidato fosse da situação receberia o seu diploma, um instrumento que reconhecia o resultado das urnas. "Sobre esta pedra, a partir de 1900, erguer-se-á a ordem republicana, para um império de 30 anos", escreveu Raymundo Faoro.[15]

Muitos candidatos eleitos, naturalmente, não conseguiam seus diplomas. Oposicionistas eram "degolados", como se dizia na época, na "guilhotina Montenegro" – uma referência a Alcides Montenegro, líder de Campos Salles na Câmara e autor do projeto. A expressão "degola" é oriunda da guerra civil no Rio Grande do Sul, a Revolução Federalista, que, terminada em 1895, ainda estava fresca na memória da população. Durante o conflito, pelo menos mil inimigos capturados pelos federalistas acabaram degolados, pois as rápidas movimentações das tropas impediam que eles fossem mantidos prisioneiros por muito tempo.

Na política, a "degola" garantia a coesão do Congresso em torno de um projeto oligárquico. A maioria dos candidatos dissidentes, no entanto, era barrada

---

[15] Raymundo Faoro, *Os Donos do Poder* (São Paulo: Globo, 1997, 13ª ed.); p. 563.

já nas eleições, marcadas por todo tipo de vício. Quando o resultado ameaçava ser desfavorável ao governo, por exemplo, apelava-se ao "bico-de-pena", o voto dos eleitores fantasmas, muitos deles mortos. Havia também os "fósforos", eleitores que, desde o Império, votavam várias vezes numa mesma eleição. "Eram chamados 'fósforos' porque riscavam em qualquer urna, esta assemelhada com uma caixa de fósforo."[16]

Foi ainda nesse início de século que o coronelismo se consolidou. O coronel, um chefe político com influência regional, controlava seu curral eleitoral, de onde saíam vitoriosos os candidatos do grupo dominante do estado. Em troca dos serviços prestados, o coronel obtinha favores do governador. Sem uma Justiça Eleitoral, que seria criada só em 1932, as fraudes ficavam impunes, tirando qualquer legitimidade de um processo que, por sua natureza restritiva, também não tinha representatividade. Em eleições sem disputa efetiva, menos de 5% da população se dava ao trabalho de votar.

Ao impor o mecanismo que oficializava a fraude eleitoral, Campos Salles se tornou o presidente que mais contribuiu para o molde da República Velha. Por isso, e pela recessão que provocou, foi também o político mais impopular do período. Em 15 de novembro de 1902, ao deixar o Catete em direção à estação de trem de onde seguiria para sua fazenda em São Paulo, foi vaiado durante todo o percurso. Como consolo, guardou um telegrama de congratulações – enviado de Londres pela família Rothschild.

---

[16] José do Patrocínio Motta, *República Fratricida* (Porto Alegre: Martins Livreiro Editor, 1989), citado no *Dicionário do Voto*, de Walter Costa Porto (Brasília: Ed. da UnB, 2000).

Vista da avenida Central no Rio de Janeiro (1910)

2. A CAPITAL SE URBANIZA

Campos Salles pode ter se despedido da Presidência com o prestígio em baixa, mas não deixou de fazer o sucessor.

Ex-conselheiro do Império, o novo governante, Rodrigues Alves (1848-1919), revelou-se um republicano de última hora, ao contrário do presidente que o indicou, um republicano histórico. Sua trajetória política, porém, uma vez estabelecido o novo regime, não era mais relevante. O que importava era o estado de origem do candidato, e Rodrigues Alves nascera e fizera carreira em São Paulo, onde ocupava o cargo de governador quando foi eleito presidente da República. Até então, os três presidentes civis representavam os interesses dos paulistas.

Como seu antecessor, Rodrigues Alves também acreditava nas virtudes da austeridade financeira – era um monetarista. Afinal, ocupara o Ministério da Fazenda nos governos de Floriano Peixoto, conhecido por tratar com rigor o dinheiro público, e de Prudente de Morais.

Nessa gestão, Rodrigues Alves delineou o plano de renegociação da dívida com os credores externos, preparando o acordo fechado mais tarde por Campos Salles.

Não seria a austeridade, porém, a marca de seu governo. Depois de uma profunda recessão, com a economia saneada, o país precisava voltar a crescer, e Rodrigues Alves se mostrou disposto a fazer com que o governo financiasse o desenvolvimento. Na realidade, já tinha os projetos prontos. Sabia exatamente quais seriam suas prioridades: modernizar o porto do Rio de Janeiro e urbanizar a capital.

A estratégia era simples: as reformas tornariam o Rio uma metrópole no melhor estilo europeu – mais bonita e eficiente – e atrairiam empreendedores estrangeiros, que nesse início de século queriam distância da capital. Com eles, viriam os investimentos e a mão-de-obra mais qualificada. A cafeicultura se beneficiaria. Os negócios se multiplicariam. Haveria progresso.

Não é difícil entender por que os estrangeiros evitavam o Rio. Inexistia saneamento básico, desconhecia-se o conceito de saúde pública, as epidemias se repetiam provocando milhares de mortes, os serviços públicos eram precários, os bondes ainda dependiam de tração animal, as ruas estreitas e escuras dificultavam a locomoção, os cortiços proliferavam no centro da cidade.

Nos meses de verão, o Rio se tornava, mais do que insuportável, um lugar perigoso para se viver. Nesse período, doenças fatais, como a febre amarela, por exemplo, se alastravam – o próprio Rodrigues Alves perdera um filho vitimado pela moléstia. Quem podia fugia para Petrópolis, na região serrana. Quem ficava se expunha aos riscos do "túmulo dos estrangeiros", epíteto que a cidade ganhou no exterior. A fama do Rio de Janeiro era péssima, a ponto de levar as linhas marítimas provenientes da Europa a anunciar viagens para Buenos Aires "sem escalas no Brasil".

Com tantos e tão graves problemas a ser enfrentados todos de uma vez, como se pretendia, a solução teria de ser radical. O governo estava ciente dos transtornos para a população, mas isso não seria empecilho. Rodrigues Alves agiria como um déspota esclarecido. Sem nenhum prurido democrático, permitiria que sua equipe atuasse com poderes ditatoriais.

PARIS TROPICAL

As regras da República Velha facilitavam a execução de um projeto de natureza autoritária. Para começar, não se elegia o prefeito do Distrito Federal. Ocupava o cargo um político ou técnico nomeado pelo presidente da República. Rodrigues Alves levou de São Paulo o engenheiro Pereira Passos, com quem trabalhara no governo do estado.

Pereira Passos (1836-1913) era um entusiasta da reurbanização de Paris arquitetada pelo barão Haussmann em meados do século 19, quando a capital francesa ganhou a fisionomia que ostenta até hoje, com seus espaçosos bulevares. O engenheiro paulista, que acompanhara os trabalhos *in loco*, queria fazer o mesmo com o Rio. Para tanto, teria que demolir quarteirões inteiros no centro da cidade. A resistência seria grande, e, para aceitar a tarefa, Pereira Passos exigiu e obteve carta branca do presidente. Sem enfrentar uma oposição efetiva, em decorrência da "política dos governadores", Rodrigues Alves aprovou, um mês após ter tomado posse, uma lei que eliminava obstáculos legais, orçamentários e materiais à ambiciosa reforma.

Com as mãos livres, Pereira Passos começou a trabalhar, imprimindo um ritmo frenético às obras. Para rasgar a avenida Central (hoje avenida Rio Branco) e abrir ruas mais largas, mandou demolir nada menos do que cerca de 600 casarões no centro da cidade, ganhando o apelido de Bota-Abaixo. Eram, em sua maioria, casas de cômodos, alugadas a trabalhadores de baixa renda. A elite e a grande imprensa saudaram a "regeneração" do Rio, mas a aprovação estava longe de ser unânime. Centenas de proprietários perderam renda, milhares de inquilinos foram desalojados. Em meio ao canteiro de obras em que a cidade se transformara, muitos cariocas não escondiam o descontentamento. As críticas, no entanto, não inibiam os administradores – eram recebidas como parte do preço a ser pago se o país quisesse atingir a "civilização".

A divisão de opiniões sobre a reurbanização estava refletida no carnaval. As grandes sociedades carnavalescas, que reproduziam os costumes dos carnavais de Veneza, apoiavam a administração, promovendo desfiles de carros alegóricos em que se cantavam versos laudatórios com alusões ao nome de Pereira Passos: "Deu um passo agigantado/ no progresso a capital./ Tem um chefe adiantado/ a prefeitura atual". Já nas sociedades carnavalescas menores, o deboche e a ironia tinham lugar: "E viva mais também o prefeito supimpa/ que vai pôr a cidade asseadinha e limpa!"[17]

As sociedades carnavalescas faziam o carnaval das elites. A maioria da população aderia mesmo ao entrudo, como se chamavam as brincadeiras de rua, em que se destacava a bisnaga de água. A prefeitura proibia o entrudo, considerado "diversão bárbara". Argumentava que a "molhaçada" – como também era conhecido – representava risco à saúde pública. Na mira da polícia e da Inspetoria de Higiene, os foliões do entrudo não poupavam a reurbanização de Pereira Passos.

---

[17] Maria Clementina Pereira Cunha, *Ecos da Folia – uma História Social do Carnaval Carioca entre 1880 e 1920* (São Paulo: Companhia das Letras, 2001); p. 139-40.

A remodelação do Rio consistia na parte mais visível de um conjunto de reformas do qual também fazia parte a modernização do porto, o maior do país. Com uma estrutura ainda dos tempos coloniais, o porto se revelava fator de estrangulamento da atividade econômica, incapaz de dar vazão ao crescente comércio internacional. Devido à pequena profundidade da baía, por exemplo, os grandes transatlânticos não podiam atracar e ficavam ancorados à distância, obrigando a um desembarque que dependia do uso de barcos menores.

Com a modernização, chegar ao Rio poderia ser mais simples, mas descer do navio continuaria sendo um risco – pelo menos enquanto a cidade não se livrasse da sujeira, da falta de higiene e, sobretudo, das epidemias. Havia urgência, portanto, no saneamento, a terceira base do tripé de reformas estruturais no Distrito Federal. Rodrigues Alves enfrentaria com determinação os problemas de saúde pública, colocando na rua uma campanha cujo símbolo maior seria a obrigatoriedade da vacinação contra a varíola.[18] Para surpresa dos autoritários esclarecidos, porém, essa se revelaria a mais polêmica de suas iniciativas.

A VACINA

O saneamento do Rio foi entregue a Oswaldo Cruz (1872-1917). Com menos de 30 anos, o médico sanita-

---

[18] A Revolta da Vacina é objeto de dois trabalhos da historiografia contemporânea: *Os Bestializados – o Rio de Janeiro e a República Que Não Foi*, de José Murilo de Carvalho (São Paulo: Companhia das Letras, 2000), e *A Revolta da Vacina – Mentes Insanas em Corpos Rebeldes*, de Nicolau Sevcenko (São Paulo: Scipione, 2001), publicado pela primeira vez em 1984. Os livros foram as principais fontes para as informações deste capítulo.

tarista já tinha trânsito internacional na área – no final do século anterior, estudara no célebre Instituto Pasteur, em Paris. De volta ao Brasil, mostrou-se eficiente: pouco antes de ter sido chamado por Rodrigues Alves, acabou com uma epidemia de peste bubônica no porto de Santos, em São Paulo. Como o prefeito do Rio, Oswaldo Cruz também recebeu poderes ditatoriais para fazer o que bem entendesse. Ao presidente, só interessava o resultado.

A primeira tarefa de Oswaldo Cruz na capital foi combater a febre amarela e a peste bubônica. Para se desincumbir da missão, o sanitarista armou uma verdadeira operação de guerra. Esquadrões por ele contratados caçavam pela cidade os ratos transmissores da peste, enquanto a população recebia uma soma em dinheiro por roedor morto. O médico também mobilizou milhares de pessoas para extinguir o mosquito que transmite a febre amarela. Agrupados em pequenas brigadas sanitárias, os mata-mosquitos desinfetavam tudo o que viam pela frente, de preferência as casas densamente povoadas do centro, onde o problema parecia mais grave. Interditavam-se as construções sem condições de higiene ou sem licença da prefeitura. Os doentes, uma vez identificados, eram logo isolados num hospital. Como o método invasivo provocasse resistência, as equipes trabalhavam acompanhadas de soldados da polícia.

Os cariocas, portanto, já conheciam bem Oswaldo Cruz quando, em 9 de novembro de 1904, publicou-se a regulamentação da vacina obrigatória, aprovada pouco antes pelo Congresso. As regras eram draconianas. De recém-nascidos a idosos, todos deveriam ser vacinados. Os recalcitrantes se sujeitariam a pesadas multas ou demissões sumárias. Não havia alternativa.

A divulgação da lei fora precedida de acalorado debate, que durante meses polarizou a sociedade.

O argumento do governo – que apontava a importância da vacinação em massa para a saúde pública – era facilmente compreensível e defensável. Afinal, só naquele ano a varíola fora responsável por mais de 4 mil mortes, que teriam sido evitadas com a vacina.

O argumento contrário tinha de tudo um pouco: desinformação, moralismo, interesse político e, por último, mas não menos importante, defesa da cidadania. Cada um desses elementos, como se verá a seguir, teve seu peso na revolta popular prestes a ser deflagrada.

A desinformação é um dado que não tem como ser superestimado. Para ficar num único exemplo, ninguém menos do que Rui Barbosa era contra a vacina, por achar que o vírus inoculado iria envenenar seu sangue.[19] Se o intelectual de maior prestígio, o dono da maior biblioteca particular, o estudioso incansável, o orador articulado, o poliglota, o cidadão do mundo Rui Barbosa tinha essa opinião, o que esperar da massa de analfabetos que era o alvo principal da campanha?

O moralismo, igualmente, estava impregnado na sociedade. Impensável, no início do século 20, que um pai de família permitisse a estranhos entrar em sua casa e tocar os braços descobertos de sua mulher e filhas. Braços femininos, em rigor, não deveriam nem ser vistos, a não ser em circunstâncias especiais e dependendo do humor do cavalheiro. O ciumento Bentinho, por exemplo, deixou de levar Capitu a bailes depois que, numa noite, seus braços nus se tornaram objeto de desejo: "Quando vi que os homens não se fartavam de olhar para eles, de os buscar, quase de

---

[19] Sevcenko, *A Revolta*...; p. 15.

os pedir, e que roçavam por eles as mangas pretas, fiquei vexado e aborrecido".[20]

O recato dos costumes e a falta de informação, ao provocar antagonismo à política sanitária, serviam a interesses políticos. Os militares florianistas – afastados da política nacional desde o frustrado golpe contra Prudente de Morais – logo identificaram na resistência popular uma oportunidade de atacar o governo oligárquico dos barões do café e ressuscitar seus ideais republicanos. No Congresso, o horror à "lei obscena" era capitalizado por dois parlamentares ligados ao Exército: o senador Lauro Sodré e o deputado Barbosa Lima, ambos representantes da corrente positivista.[21]

A oposição dos militares não era apenas oportunista. Havia também uma questão de fundo. Os positivistas ortodoxos, que os influenciavam, eram opositores intransigentes da obrigatoriedade da vacina. "Sua oposição baseava-se em dois pontos, um científico, outro filosófico. Pelo primeiro, interpretavam o pensamento de Comte como tendo sido contrário à teoria microbiana das doenças. Pelo segundo, não aceitavam qualquer intromissão do governo, poder material, no domínio da saúde pública, reservado ao poder espiritual."[22]

O barulho promovido pelos positivistas aumentava o temor da população. Eles atribuíam à vacina diversas ameaças à saúde. Diziam que causava sífilis, meningite e tuberculose, entre outras doenças. Essa campanha, sem nenhum fundamento científico, fez diminuir drastica-

---

[20] Machado de Assis, *Dom Casmurro* (Rio de Janeiro: Nova Aguilar, 1994).

[21] O positivismo é a doutrina filosófica elaborada pelo francês Auguste Comte em meados do século 19. Pregava a ditadura republicana e a modernização conservadora. No Brasil, as idéias positivistas foram inicialmente divulgadas por Benjamin Constant, com grande influência nos meios militares.

[22] Carvalho, *Os Bestializados*; p. 97-8.

mente o número de pessoas que, durante um dos piores surtos de varíola, procuravam os postos de saúde para ser vacinadas. De cerca de 23 mil pessoas imunizadas espontaneamente em julho de 1904, o número foi reduzido a pouco mais de 6 mil no mês seguinte. Em outubro, um mês antes da aprovação da lei da obrigatoriedade, mal passava de mil o número de pessoas que se dirigiram aos postos de saúde.

A REVOLTA

A Revolta da Vacina começou a tomar corpo em 10 de novembro, um dia após a publicação dos regulamentos da vacinação obrigatória. Inconformada, a população se dirigiu às ruas centrais do Rio, onde oradores improvisados faziam discursos inflamados contra o governo. Muitos deles eram capoeiras – negros que não escondiam a antipatia pelo regime republicano. Gratos à princesa Isabel, que acabara com a escravidão, os capoeiras eram monarquistas – e violentos, como mostrariam durante a revolta. A polícia, sem ter tardado a aparecer, foi recebida a pedradas, mas conseguiu prender os líderes e manter um patrulhamento ostensivo da área. Havia tensão no ar.

O dia seguinte, 11 de novembro, foi marcado por uma tentativa de direcionar a revolta. A recém-fundada Liga Contra a Vacina Obrigatória, entidade presidida pelo florianista Lauro Sodré, líder trabalhista com ambições políticas, emergiu como único elemento catalisador da insurreição. Nessa condição, a Liga empurrou o movimento por algum tempo, mas logo perdeu o controle da situação. O fato era que havia uma distância muito grande entre o discurso positivista dos líderes e o drama vivido pela população.

O confronto seria violento. A multidão volta às ruas e desafia as autoridades. Mais pedradas. Pedaços de pau e ferro espalhados nas obras de reurbanização servem de armas. Tiros também são disparados. A polícia reage. Soldados da cavalaria avançam sobre a população empunhando espadas. Há mortos e feridos dos dois lados. As pessoas se dispersam pelos becos, apenas para se reagruparem mais adiante. A fúria é crescente. A iluminação pública é destruída. Bondes são virados e incendiados, os trilhos arrancados do chão. Paralelepípedos viram barricadas. Sem ter conseguido controlar a situação, a polícia pede reforços. São convocados o Exército, a Marinha, a Guarda Nacional e até os bombeiros. O motim é finalmente sufocado, mas não sem antes o governo ter determinado o bombardeio da região costeira a partir de navios de guerra.[23]

Ainda que graves, os distúrbios não foram a única preocupação de Rodrigues Alves naqueles dias. Enquanto a cidade era depredada, militares florianistas se aproveitavam do caos para tentar um golpe contra o presidente. Em caso de êxito, seria instalada uma ditadura positivista sob o liderança do senador e ex-tenente-coronel Lauro Sodré.

A sedição militar contava com um aliado surpreendente: os monarquistas. É verdade que os militares tinham derrubado a monarquia, mas isso já fazia 15 anos. As novas circunstâncias aproximavam os antigos adversários. Ambos eram contrários à oligarquia que se encastelara no poder. Os monarquistas nutriam a esperança de, com o confronto entre as duas correntes republicanas, emergirem como os únicos capazes de restaurar a ordem. Por isso, financiavam o golpe militar.

---

[23] Para uma descrição mais minuciosa dos conflitos, ver Sevcenko, *A Revolta...* (p. 13-35), e Carvalho, *Os Bestializados* (p. 99-112).

Em 14 de novembro – quatro dias depois da eclosão da revolta popular –, os insurretos tomaram a Escola Militar da Praia Vermelha e, com a adesão dos alunos, atacaram o palácio do Catete. Foram, no entanto, rechaçados pelas tropas do governo. Lauro Sodré foi ferido, e seus comandados recuaram, depondo armas em seguida. Em 16 de novembro, com a decretação do estado de sítio, a aventura golpista estava encerrada.

A Revolta da Vacina, no entanto, terminou com uma vitória da população rebelde: o governo revogou a lei da obrigatoriedade. José Murilo de Carvalho defende a tese de que um "guarda-chuva moral", sob o qual se abrigavam valores modernos e tradicionais, tornou possível a mobilização popular. Entre os primeiros, estava a defesa da liberdade individual; entre os últimos, destacava-se a defesa da honra pessoal. "Ambos convergiam na oposição à interferência do governo além de limites aceitáveis. [...] O inimigo não era a vacina em si, mas o governo, em particular as forças de repressão do governo."

A Revolta da Vacina, avalia Carvalho, "permanece como exemplo quase único na história do país de movimento popular de êxito baseado na defesa do direito dos cidadãos de não serem arbitrariamente tratados pelo governo. Mesmo que a vitória não tenha sido traduzida em mudanças políticas imediatas além da interrupção da vacinação, ela certamente deixou entre os que dela participaram um sentimento profundo de orgulho e de auto-estima, passo importante na formação da cidadania".[24]

---

[24] Carvalho, *Os Bestializados*; p. 136-9.

EXPANSÃO DAS FRONTEIRAS

Apesar de ter enfrentado uma revolta popular, conduzido uma revolução urbana e feito um dos governos mais dinâmicos da República Velha, Rodrigues Alves tinha fama de preguiçoso. Em caricaturas na imprensa popular, aparecia freqüentemente aos bocejos, vestindo camisolão de dormir. Apelidado de Soneca, ou Morfeu, passava a imagem de alguém que gostava de acordar tarde e se recolher cedo, avesso que era à vida social.[25] A reputação de indolente, no entanto, se devia não apenas a anedotas de sua vida pessoal, mas também a seu estilo de governo.

Rodrigues Alves preferia delegar poderes, o que ficara claro nos episódios da reurbanização e do saneamento do Rio de Janeiro. Quando a oposição o criticava por um suposto desleixo com os assuntos do governo, ele respondia com bom humor: "Os meus ministros fazem tudo que querem, menos o que eu não quero".

A idéia por trás da tirada era que cada ministro cuidasse de sua pasta e se preocupasse mais em apresentar resultados do que em dar satisfações. Com esse espírito descentralizador, o presidente jogou o problema das relações exteriores nas mãos do barão do Rio Branco. Rodrigues Alves só "não queria" que as questões das fronteiras continuassem pendentes.

O barão do Rio Branco (1845-1912) nasceu José Maria da Silva Paranhos Júnior, mas ninguém o chamava assim. O advento da República não o impediu de continuar usando o título concedido pela princesa

---

[25] Isabel Lustosa, *Histórias de Presidentes – a República no Catete* (Petrópolis: Vozes/ Casa de Rui Barbosa, 1989); p. 37- 44.

Isabel. Nos quase dez anos em que, a partir de 1902, dominou a diplomacia brasileira, o barão do Rio Branco nunca assinou documentos oficiais com seu nome de batismo. Como Rodrigues Alves, foi um monarquista convicto tardiamente convertido ao regime republicano.

Ao ser levado para o ministério, já construíra sólida reputação. Ironicamente, foi o jacobino Floriano Peixoto quem deu a ele a primeira grande chance de brilhar no campo das relações exteriores. Quando jovens, os dois haviam sido colegas na Escola Militar, onde praticaram esgrima e se tornaram amigos. Ao assumir a Presidência, em 1891, Floriano Peixoto chamou o barão para cuidar de uma questão fronteiriça com a Argentina. Quatro anos mais tarde, o Brasil venceu a disputa, obtendo soberania sobre um pedaço de terra que hoje pertence a Santa Catarina e ao Paraná.

Foi a primeira de uma série de vitórias diplomáticas que definiram o atual mapa do Brasil. Somadas, as conquistas do barão do Rio Branco representam a anexação ao país de cerca de 500 mil quilômetros quadrados – área equivalente a mais de cinco vezes o território de Portugal.

A maior de suas muitas realizações foi o acordo que incorporou o atual estado do Acre ao Brasil. Tudo começou quando, no final do século 19, milhares de retirantes nordestinos se juntaram a seringueiros e passaram a ocupar a região, que, por acordos firmados no período colonial, pertencia à Bolívia. Na virada do século, o governo boliviano reagiu à situação, exigindo que os brasileiros deixassem a área. A Bolívia agia sob influência dos Estados Unidos, que também tinham interesse na borracha natural da região. Contudo, não só os brasileiros permaneceram no local, como, em setembro de 1902, sertanejos armados proclamaram a independência do Acre. Seguiu-se uma série de combates, e a Bolívia ameaçou declarar guerra.

A situação estava nesse pé quando o barão do Rio Branco entrou em cena. Em pouco mais de um ano, chegou-se a um acordo: o Brasil ficaria com o Acre em troca de um pagamento de 2 milhões de libras e da construção da estrada de ferro Madeira–Mamoré, que escoaria as exportações bolivianas. Foi o que se acertou com o Tratado de Petrópolis, assinado em novembro de 1903.

Um século depois, é difícil avaliar o que significava a soma em dinheiro, mas a conta foi alta. Para se ter uma idéia da ordem de grandeza, o valor equivalia a um quinto do *funding loan* que, bem ou mal, resolveu por alguns anos o problema da dívida externa brasileira. Quanto à ferrovia, revelou-se uma aventura em meio à selva amazônica que acabou custando 5 milhões de libras – um desastre financeiro, para nem mencionarmos os milhares de mortes entre os trabalhadores que não resistiram às doenças na região.

Em que pese o preço, a fixação daquela fronteira foi o maior êxito do barão do Rio Branco. Político de prestígio, ele nunca mais deixou o Ministério das Relações Exteriores, que ocuparia em quatro mandatos presidenciais. Ao que parece, nada queria além disso. Em 1909, recusou um convite para ser candidato a presidente da República. "Do ministério para o cemitério", dizia. E assim foi.

Morreu em fevereiro de 1912, quando servia ao marechal Hermes da Fonseca. Faltavam poucos dias para o carnaval, e o governo, em sinal de luto, cancelou a festividade, transferindo-a para abril. Embora milhares de pessoas tivessem prestado as últimas homenagens ao barão, o decreto presidencial foi ignorado. Naquele ano, o brasileiro brincou dois carnavais – o de sempre e o oficial.

Rodrigues Alves, presidente da República (1902-6)

Afonso Pena, presidente da República (1906-10)

3. A VALORIZAÇÃO DO CAFÉ

Paulista e cafeicultor, Rodrigues Alves nem por isso se sentiu obrigado a defender, em seu governo, os interesses imediatos de seus pares – os grandes fazendeiros de São Paulo.

Durante seus quatro anos de mandato, entre 1902 e 1906, a situação do café se deteriorou sem que ele tivesse decidido intervir para inverter as expectativas. Como seu antecessor, Campos Salles, o presidente agia movido por uma convicção liberal. Não seria ele quem colocaria dinheiro público na ajuda a determinado setor – mesmo que esse setor fosse o carro-chefe da economia nacional. Preferia deixar que as forças do mercado atuassem livremente. Era uma questão de princípio.

Sem ter transigido, Rodrigues Alves acabou derrotado pela oligarquia agrária e – apesar da grande popularidade que soube conquistar depois das turbulências enfrentadas – deixou o palácio do Catete sem ter feito o sucessor. Seu candidato era Bernardino de Campos, que o sucedera no governo de São Paulo quando ele assumiu a Presidência da República. Mal teve o nome lançado, na metade do quadriênio – como era de praxe na República Velha –, Bernardino de Campos se indispôs com os fazendeiros, inviabilizando sua indicação.

Rodrigues Alves foi sucedido por Afonso Pena, seu vice, o que dá uma falsa impressão de continuidade. Tratava-se, na realidade, de dois projetos políticos distintos. Afonso Pena (1847-1909) estava perfeitamente sintonizado com os interesses dos cafeicultores. Por ironia, os paulistas que haviam feito três presidentes consecutivos foram encontrar justamente num mineiro seu melhor aliado. Foi assim, com os sinais trocados, que se deu a inauguração, de fato, da chamada República Café-com-Leite.

Para melhor avaliar a importância de Afonso Pena para a oligarquia cafeeira, convém recuar um pouco na história.

CAFÉ EM FLASHBACK

O café chegou ao Brasil no século 18. Em 1781, começou a ser plantado no Rio de Janeiro. Na época, o consumo da bebida crescia na Europa, onde era apreciada por aristocratas, burgueses e intelectuais. A demanda maior estimulava novas plantações. Em pouco tempo, o café tomou o vale do Paraíba até, finalmente, chegar a São Paulo, onde deu início a um novo ciclo econômico. Um século depois das primeiras plantações no Rio, São Paulo se tornou o principal produtor nacional. Nessa altura, o Brasil despontou como o grande fornecedor mundial, tomando o lugar dos asiáticos, cujos cafezais foram praticamente destruídos por pragas.

A região de São Paulo passou a colher supersafras até que, no final do século 19, a produção nacional veio a superar a demanda mundial. Os estoques começaram a se acumular e, nos primeiros anos do novo século, atingiram um nível equivalente a 60% de um ano de consumo mundial. Os preços desabaram, mas a princípio os cafeicultores não sentiram tanto a perda da renda. A desvalorização do mil-réis – em conseqüência do Encilhamento – servia de compensação para os fazendeiros, que recebiam em moeda forte.

Foi a partir da política de valorização cambial de Campos Salles que a cafeicultura sentiu de verdade os efeitos da crise. Com o mil-réis valendo cada vez mais, o produto perdia ainda mais mercado no exterior. Os comissários do café, a maioria estrangeiros, simplesmente suspenderam as compras. Houve um grande êxodo de imigrantes italianos, cuja vinda ao Brasil o governo estimulara para substituir a mão-de-obra escrava.

O papel de Rodrigues Alves foi o de dar prosseguimento à orientação econômica de Campos Salles. Não seria fácil. Logo depois de ter tomado posse, o presidente passou a enfrentar a forte pressão dos cafeicultores, que tentavam convencê-lo a adotar algum plano para salvar o setor. Em 1903, uma dessas idéias, apresentada pelo conde italiano Alexandre Siciliano, entusiasmou os fazendeiros. Em resumo, ele sugeria que o governo federal comprasse o café excedente para provocar a elevação artificial dos preços.

A frontal oposição de Rodrigues Alves à proposta não esmorecia o ânimo dos cafeicultores. Eles insistiam na idéia, apresentando no Congresso projetos com variações em torno do tema central: a intervenção do governo para evitar a quebra do setor. Em 1906, quando a crise atingiu o auge, os barões do café finalmente conseguiram o que queriam, ainda que por via indireta. Os governadores dos três principais estados tomaram a iniciativa de dar aos cafeicultores o que o presidente lhes negava.

CONVÊNIO DE TAUBATÉ

O convite partiu do governador de São Paulo, Jorge Tibiriçá. No final de 1905, ele chamou os colegas Nilo Peçanha, do Rio, e Francisco Sales, de Minas Gerais, para um encontro na cidade paulista de Taubaté, no vale do Paraíba. Em pauta, a discussão de uma proposta que, na essência, era a mesma defendida por Siciliano. Não houve grandes divergências. Em 26 de fevereiro de 1906, os três assinaram o Convênio de Taubaté, que influenciaria a política cafeeira nas décadas seguintes.

O ponto principal do contrato consistia na compra do café excedente pelos três estados, com o objetivo de retirar o produto do mercado e, assim, provocar a alta da cotação internacional. Acertou-se que o negócio seria viabilizado por um empréstimo externo de 15 milhões de libras esterlinas. Era muito dinheiro – o equivalente a mais de sete vezes o que o Brasil pagara pelo Acre dois anos antes. Mas os governadores decidiram bancar a iniciativa. Pela Constituição, os estados tinham direito de contrair dívida externa, sem necessidade do aval da União.

O convênio estabelecia outra medida importante: a criação de um fundo, chamado de Caixa de Conversão, para evitar a valorização do câmbio, prejudicial aos exportadores. Por fim, determinava um preço mínimo para o café e impunha uma taxa com o objetivo de tornar proibitivo o aparecimento de novas plantações.

O documento com as três assinaturas foi levado a Rodrigues Alves. Os governadores tinham muita autonomia, mas tudo seria menos complicado com o aval do presidente da República. Como das vezes anteriores, Rodrigues Alves não se sensibilizou com o pleito. Agora, porém, havia um dado novo que fazia toda a diferença: o presidente estava em final de governo, enfraquecido por ter perdido o controle da sucessão.

Os cafeicultores não precisariam esperar muito. Dias depois do Convênio de Taubaté, em 1º de março, Afonso Pena, o candidato da oligarquia agrária, foi eleito presidente. Era não uma coincidência, mas o início de uma nova política para o café. Sob sua Presidência, iniciada em novembro de 1906, o Congresso aprovaria facilmente o convênio, que seria então encampado pelo governo federal.[26] Sabia-se que Afonso Pena o cumpriria à risca – e ele não decepcionou seus eleitores. Para completar, como reforço desse compromisso, a Vice-Presidência ficou com Nilo Peçanha, um dos signatários do acordo.

O audacioso esquema de valorização teve êxito. Pelo menos, a partir de 1909, os preços começaram a subir, e, em sete anos, o empréstimo foi pago. É verdade que, num primeiro momento, quem mais se beneficiou foram os banqueiros internacionais e as casas comissárias, que tiveram grandes lucros comprando o café na baixa. Mas os fazendeiros que resistiram à crise não tiveram do que se queixar nos anos seguintes.

No sucesso do plano, porém, encontram-se as razões da profunda crise que o país enfrentaria mais adiante. Ao ter garantido um preço compensador para o café, o

---

[26] Hélio Silva, *O Poder Civil* (São Paulo: Ed. Três, 1975); p. 141.

governo estimulou o plantio. As medidas para conter a produção se mostraram ineficientes por um motivo simples: apesar da imposição de taxas elevadas, não havia outro investimento que desse retorno tão bom. Os lucros certos, portanto, eram sempre reaplicados na própria cafeicultura, o que aumentava a oferta, criando um desequilíbrio estrutural com a demanda, que não crescia na mesma proporção. Para agravar o quadro, os preços mais altos despertaram produtores da América Central para a exportação. Quando o comércio mundial desabou, com a Grande Depressão de 1929, os estoques estavam tão altos que não adiantava mais simplesmente retê-los. A perspectiva de que um dia pudessem ser vendidos era mais do que remota. A custosa saída foi a destruição dos excedentes.

Quem perdeu com a política de valorização do café foi a coletividade. O economista Celso Furtado cunhou a expressão "socialização das perdas" para se referir a esse mecanismo freqüentemente acionado pelas elites. No caso, o conceito descreve as diferentes conseqüências da desvalorização cambial. A queda do valor da moeda brasileira significou tanto a salvação da lavoura quanto a carestia. "O grosso das perdas poderia ser transferido para o conjunto da coletividade através da alta dos preços das importações."[27]

Em 1906, esses desdobramentos talvez pudessem ser previstos, se prevalecesse a lógica. O que prevaleceu, porém, foram os interesses de curto prazo da oligarquia agrária, que, com o governo de Afonso Pena, estava retomando com mais firmeza as rédeas do país.

---

[27] Celso Furtado, *Formação Econômica do Brasil* (São Paulo: Publifolha, sob licença da Companhia Editora Nacional, 2000); p. 200. A clássica análise de Furtado sobre a crise da economia cafeeira se encontra entre as p. 191 e 215.

O PAPEL DA ESPADA

Afonso Pena pode ter favorecido economicamente os barões do café de São Paulo, mas, politicamente, tentou implantar na Presidência da República uma hegemonia mineira, em torno de um projeto de fortalecimento do poder central. Sua obstinação em perseguir essa diretriz lograria abalar a estrutura da "política dos governadores", mas teria, para ele próprio, um desfecho trágico, como se verá.

O novo presidente era um homem profundamente ligado a Minas Gerais, tendo sido, no último decênio do século anterior, quando governador de seu estado, o responsável pelo início da construção de Belo Horizonte, que substituiu Ouro Preto como capital. Ao chegar ao palácio do Catete, tratou de articular um esquema que manteria seu grupo no poder por algum tempo – tempo suficiente para compensar os três mandatos consecutivos de presidentes paulistas.

A estratégia de Afonso Pena consistiu em colocar gente de sua confiança na presidência da Câmara e no ministério. Jovens em sua maioria e ainda sem expressão nacional, esses políticos mineiros ficaram conhecidos como integrantes do Jardim da Infância, nome dado pela oposição e popularizado pela imprensa. O presidente parecia não se importar com a chacota. "Quem faz política sou eu", dizia.

O grande erro de cálculo atribuído a Afonso Pena foi ter superestimado o poder conquistado, a ponto de medir forças com um dos políticos mais influentes de seu tempo – o senador gaúcho Pinheiro Machado, conhecido como "fazedor de reis". Um dos "reis" fora o próprio Afonso Pena. A atuação de Pinheiro Machado se revelou decisiva para a eleição do presidente, assim como para a de seu antecessor, Rodrigues Alves.

O confronto com o ex-aliado foi provocado pela questão sucessória. Afonso Pena tinha no governador de Minas Gerais, João Pinheiro, seu candidato para sucedê-lo. Não que houvesse consenso em relação à escolha, mas, pela posição que ocupava e pelo apoio oficial, tratava-se de um nome de peso. João Pinheiro, no entanto, morreu em outubro de 1908, na metade do mandato de Afonso Pena, justamente quando a sucessão precisaria se definir, a ser observada a prática da República Velha.

Com pressa para não perder o controle sobre a indicação, o presidente tentou impor o nome de Davi Campista, seu jovem ministro da Fazenda, que não tinha nem a experiência política nem o apoio necessário para viabilizar sua candidatura. Previsivelmente, a iniciativa não prosperou. No vácuo que se seguiu, criaram-se as condições para uma candidatura militar. Seis meses depois da morte do governador mineiro, em 12 de maio, dia do aniversário do marechal Hermes da Fonseca, seu nome foi lançado por um grupo de oficiais, com o apoio de forças dispersas que, no entanto, encontravam liga no objetivo comum de barrar o projeto político de Afonso Pena.

Ministro da Guerra, Hermes da Fonseca (1855-1923) tinha inegável prestígio dentro e fora da corporação militar. Fora o responsável pela profissionalização do Exército, com a introdução do serviço militar obrigatório e o envio de oficiais para estudos no exterior. Sobrinho do fundador da República, consagrara-se, durante a Revolta da Vacina, como o esteio da ordem na repressão ao movimento da Escola Militar.[28] O marechal logo teve sua candidatura acolhida por Pinheiro Machado, que se tornaria o grande promotor de sua campanha. Recebeu também o apoio de Rio Branco, outro nome de grande popularidade, que chegou a ser sondado para se candidatar ao posto. O interesse do barão era nítido: acreditava que, com um militar na Presidência, o país teria um Exército poderoso, o complemento necessário para sua política exterior.[29] A composição articulada por Pinheiro Machado contou até mesmo com o apoio da oligarquia de Minas Gerais, que se contentou com a Vice-Presidência, oferecida a Venceslau Brás.

Afonso Pena sofreu uma derrota humilhante. Entrou para a história a lenda de que Hermes da Fonseca, ao anunciar sua demissão para se candidatar, teria batido com a espada na mesa do presidente, num momento de descontrole durante um despacho marcado pela tensão. Talvez tal atitude não tenha passado de folclore político – mais tarde, o marechal negaria o ato de insubordinação –, mas nem por isso deixa de traduzir a situação das duas personagens. Enquanto Hermes se projetava nacionalmente, Afonso Pena ficava amargurado e deprimido. No auge da crise, adoeceu e perdeu o filho, oficial de gabinete. Em 14 de junho de 1909, um mês depois da demissão do marechal e a um ano e meio do final de seu mandato, o presidente morreu. Diagnóstico político: traumatismo moral.[30]

---

[28] Faoro, *Os Donos*...; p. 591.

[29] Faoro, *Os Donos*...; p. 597.

[30] Hélio Silva, *O Poder*...; p. 154.

4. O PAÍS EM ARMAS

Nilo Peçanha, o vice, tomou posse, de acordo com a Constituição, que, nesses casos, previa a substituição do presidente depois de cumprida metade do mandato. (Abra-se um parêntese para o registro de que, nesse quesito, nem sempre se respeitava o texto constitucional. A Carta ainda não completara um ano quando o vice Floriano Peixoto assumiu a Presidência, apesar de o marechal Deodoro ter renunciado antes da metade de seu quadriênio.)

No fim da vida, Afonso Pena, que inicialmente mantivera relação de cordialidade com Nilo Peçanha, já se afastara de seu vice. Enquanto o primeiro rompera com Pinheiro Machado, o último continuava sob a influência do senador gaúcho.

Nessa época, uma demonstração de proximidade do poder era participar das rodas de chimarrão na casa de Pinheiro Machado, no Morro da Graça. Dizia-se que alguns políticos, numa atitude de alegre submissão, se sujeitavam a testar a temperatura da água fervida segurando o bico da chaleira, o que popularizou a expressão "pega na chaleira" para se referir aos bajuladores. Cantava-se nas ruas a marchinha: "Neste século de progresso,/ nesta terra interesseira,/ tem feito grande progresso/ o tal pega-na-chaleira".[31] Pois ninguém menos do que o novo presidente pegava na chaleira.

Fluminense (de Campos) e nascido em família modesta, Nilo Peçanha (1867-1924) quebrava o padrão estabelecido pelos presidentes civis que o precederam, todos oriundos dos dois estados mais importantes e todos integrantes das elites locais. Com Nilo Peçanha, a oligarquia agrária não tinha mais representante na Presidência: o poder emanava cada vez mais do Rio Grande do Sul. Assim, era natural que, como Pinheiro Machado apoiasse a candidatura de Hermes da Fonseca, o marechal, que se lançara num movimento de oposição, logo se tornasse o candidato da situação, com as bênçãos de Nilo Peçanha.

O curto mandato de Nilo Peçanha foi dominado pela disputa sucessória, a primeira para valer naqueles dois decênios iniciais da República. A força da candidatura militar incomodou São Paulo, cujos interesses não estavam contemplados na chapa situacionista. Foi nesse contexto que o principal estado da Federação se aliou à Bahia para lançar o nome de Rui Barbosa. Político respeitado mundialmente – depois de sua intervenção na Segunda Conferência Internacional de Paz, na Holanda, em 1907, quando foi chamado de o Águia de Haia –, o intelectual baiano gozava de enorme prestígio, sobretudo nos centros urbanos.

---

[31] Lustosa, *Histórias de Presidentes*; p. 51.

Rui Barbosa percorreu o país, fazendo discursos em que defendia princípios democráticos e o voto secreto. Divulgava assim a Campanha Civilista, nome escolhido para contrastar com a candidatura militar de Hermes da Fonseca. Falava-se na luta da pena contra a espada, na disputa entre a farda e a toga. Esse é, sem dúvida, um aspecto da história, e não seria inadequado apresentá-la por tal ângulo. A ênfase exagerada na diferença do perfil dos candidatos, no entanto, camufla o que realmente estava em jogo: o predomínio de uma oligarquia sobre a outra.

A posição de São Paulo, que não era apenas a de sua elite, encontraria tradução nos versos debochados do poeta satírico Juó Bananére (Alexandre Ribeiro Marcondes Machado), um precursor dos modernistas que escrevia numa linguagem macarrônica, para ser lida com sotaque italianado: "O Ri Barboza che non é di bringadêra/ I che non pega na xalêra/ Nê si vende pur dignêro/ Fiz un discorso la inzima du Gazino/ I xamo elli di gretino/ I di gaxôrro du Pignêro.// Mas o Hermeze non ligô/ I la chetigno ficô".[32]

Apesar do empenho, Rui Barbosa provavelmente não nutria grandes esperanças de vencer. Sabia que contra a máquina eleitoral da República Velha pouco havia a ser feito. Como sempre, o pleito foi marcado por fraudes – de ambos os lados, diga-se. Sem surpresa, a Campanha Civilista acabou derrotada, embora seu candidato tenha marcado presença. Num período em que o situacionismo não costumava deixar espaço para outros candidatos, Rui Barbosa obteve cerca de 220 mil votos, pouco mais da metade dos que elegeram seu adversário.

---

[32] Juó Bananére, *La Divina Increnca* (São Paulo: Ed. 34, 2001 [reprodução da edição original, de 1915]); p. 36.

O SENTIDO DO HERMISMO

Apesar da farda do presidente Hermes, seria impróprio interpretar sua eleição apenas da perspectiva da volta à cena dos militares. Não é preciso subestimar a relevância do ressurgimento do Exército. Basta perceber que a conjuntura política de 1910 estava muito distante da que caracterizou os primeiros anos do novo regime, quando os militares se identificavam com um jacobinismo hostil às oligarquias e defendiam uma certa purificação dos princípios republicanos.[33]

Embora a aspiração regeneradora tivesse sobrevivido em facções do Exército, não foi essa a causa da ascensão política do marechal Hermes. Ao contrário, sua candidatura, como visto, emergiu de um acerto entre elites estaduais até então afastadas do poder central, que se aproveitaram de uma ruptura circunstancial entre os estados hegemônicos para derrotá-los dentro das regras vigentes. A corporação militar tivera seu peso na composição de forças vencedora, mas aí nada havia de revolucionário.

Identificou-se o governo Hermes da Fonseca com o militarismo muito mais por conta da campanha de Rui Barbosa – que procurou explorar a oposição entre o militar e o civil – do que por características intrínsecas ao novo presidente. O marechal, na realidade, mostrava-se avesso à participação militar na política. Isso ficara claro desde que abortou a rebe-

---

[33] O termo "jacobinismo" tem origem na Revolução Francesa. Nesse contexto, designava o defensor de um ideário democrático exacerbado. Durante a Revolução, os jacobinos praticaram o terrorismo, e, por extensão, o adjetivo jacobino passou a significar pessoa radical. A idéia do jacobinismo também está associada ao nacionalismo e à xenofobia (aversão a estrangeiros).

lião militar durante a Revolta da Vacina, de inspiração jacobina.

Foi sob seu governo, no entanto, que surgiu a "política de salvações", caracterizada pela tentativa de alguns militares de derrubar oligarquias estaduais com o apoio do Exército. Sem condições de interferir em estados fortes como São Paulo, o bloco militar atuava principalmente no Nordeste, propondo libertar o povo do jugo opressor das elites, na retórica típica dos adeptos de Hermes. Em alguns estados, como o Ceará, houve confrontos violentos.

Assim, equilibrando-se em forças antagônicas, o hermismo teria desde sua gênese a marca da ambigüidade. É possível até argumentar que Hermes e Rui, apesar das agressões durante a campanha, aproximavam-se por serem contra as práticas da política dos governadores e por combaterem as oligarquias regionais. Uma evidência desse ponto em comum teria sido o convite de Hermes para que Rui Barbosa integrasse seu ministério. "As posições de Hermes, pessoalmente, e dos militares em geral, estavam muito mais próximas das do próprio Rui do que das de Pinheiro Machado."[34]

Não resta dúvida, porém, de que era Pinheiro Machado quem mandava e desmandava no governo de Hermes da Fonseca, apesar de a ascendência do senador gaúcho ter sido limitada pelas "salvações", que depuseram alguns de seus aliados. Bananére, no poema já citado, chamava o presidente de "gaxôrro du Pignêro". Sem a irreverência do poeta, o historiador

[34] José Murilo de Carvalho, "As Forças Armadas na Primeira República: o Poder Desestabilizador", em: *O Brasil Republicano – Sociedades e Instituições*, v. 9 (Rio de Janeiro: Bertrand Brasil, 1997, 5ª ed.); p. 219.

José Murilo de Carvalho concorda: "Hermes [...] se reconhecia um instrumento político de Pinheiro".

Revelando-se incompetente na Presidência, o marechal realizou um governo sofrível. Na política, provocou inquietação com as "salvações nacionais"; na economia, deixou como herança um país ainda mais endividado com os credores estrangeiros.

Cada vez mais desinteressado dos assuntos públicos, Hermes da Fonseca foi aos poucos se afastando do cotidiano da administração. Em dezembro de 1913, a um ano do fim do mandato, o marechal, que enviuvara no ano anterior, casou-se com Nair de Teffé, que tinha menos da metade dos 58 anos de Hermes. A partir daí, toda a atenção do presidente pareceu se voltar para a vida doméstica. Ousada e criativa, Nair de Teffé – uma caricaturista e estilista conhecida no Brasil e no exterior – organizava saraus literários e musicais no palácio do Catete que agitavam a vida artística da capital. Tocavam-se maxixe e outros tipos de música brasileira da época ao piano e ao violão, instrumento que, embora ainda associado à boemia, a primeira-dama dominava.

Ao lado da mulher, o marechal-presidente se deixou embalar pela perspectiva de uma vida tranqüila – tranqüila, pelo menos, em comparação à que tivera no início do mandato, quando enfrentou momentos difíceis.

CHIBATA: O SOM E A FÚRIA

O gosto pela música, anterior ao casamento com Nair de Teffé, forneceu uma trilha sonora inesperada ao primeiro sobressalto de sua Presidência.

Em novembro de 1910, uma semana depois da posse, Hermes da Fonseca assistia no Rio de Janeiro a uma audição de *Tannhäuser*, de Wagner. O marechal nunca mais se esqueceria dessa noite. Não que a apresentação tivesse sido especialmente sublime. A lembrança, na realidade, tinha a ver não com a ópera romântica do compositor alemão, mas sim com a interrupção ocasionada por um mensageiro, que veio avisá-lo de uma rebelião que acabara de eclodir na baía da Guanabara, não longe de onde Hermes se encontrava. Enquanto os amantes morriam no palco, a vida de cariocas era posta em risco por canhões de navios tomados por marinheiros sublevados, prontos para abrir fogo.

A tensão nos navios começara dias antes, quando a tripulação do encouraçado *Minas Gerais* presenciou a punição de um marinheiro com 250 chibatadas. A chibata usada no açoite era uma corda grossa, endurecida na água e repleta de pequenas agulhas. Tratava-se de um castigo tão odioso quanto corriqueiro. Na Marinha, corporação de elite, o castigo tinha conotação racial, pois, enquanto os oficiais eram brancos, os recrutas eram quase todos negros ou mulatos. A cena cruel a bordo deu origem, nos dias seguintes, a uma conspiração silenciosa, que, naquela noite de ópera, eclodiu num motim – a Revolta da Chibata.

Liderados pelo marinheiro João Cândido, o Almirante Negro, mais de 2 mil homens da tripulação de quatro navios exigiram o fim dos castigos físicos e fizeram outras reivindicações corporativas. Caso não fossem atendidos imediatamente, começariam a bombardear a capital recém-modernizada. Como as autoridades demorassem a responder, os revoltosos dispararam os canhões, operando com eficiência os sofisticados equipamentos dos encouraçados.

Com a população assustada e a cidade começando a sofrer os efeitos do ataque, o governo se viu acuado. Tentava encontrar uma solução paliativa, que oferecesse aos amotinados algo que os fizesse suspender o fogo. Rui Barbosa propôs um projeto de anistia, e Hermes da Fonseca logo aceitou a sugestão de seu rival. A estratégia funcionou: os rebeldes depuseram armas quatro dias após o início da revolta.

O governo, porém, não cumpriria sua palavra. Uma vez controlada a situação, os principais líderes foram expulsos da Marinha. Duas semanas depois, fuzileiros navais do batalhão da ilha das Cobras também se rebelaram. Dessa vez, o governo reagiu com violência. Esmagou o levante e decretou estado de sítio. Mais de 600 pessoas foram presas. Houve fuzilamentos. O governo se aproveitou da repressão generalizada para se livrar do Almirante Negro e de outros líderes da Revolta da Chibata, embora eles não estivessem associados às ocorrências na ilha das Cobras. Junto com presos comuns, os marinheiros foram despachados para o Acre.

O conflito inaugurou um período de levantes e confrontos armados, outra marca característica do governo de Hermes da Fonseca. Logo explodiriam pelo país os choques provocados pela "política das salvações". No final de seu governo, o presidente ainda enfrentaria uma guerra que faria o país se lembrar de Canudos, o movimento no interior da Bahia liderado pelo beato Antônio Conselheiro, que desafiou a República nascente e humilhou o Exército, antes de ter sido derrotado em 1897.

CONTESTADO: MONGES E BEATOS

O Canudos de Hermes da Fonseca se chamou Contestado, uma região disputada pelos estados do Paraná e de Santa Catarina desde os tempos do Império.

Embora costume ser enfatizada pela historiografia, essa contenda teve importância secundária nos eventos que levaram à guerra.

A tensão na área era decorrente da penúria em que se encontrava a população local. O território do Contestado abrigava imigrantes do Rio Grande do Sul – que de lá fugiram devido à onda de violência desencadeada pela Revolução Federalista – e trabalhadores contratados em vários cantos do país pela Brazil Railway e pela Southern Brazil Lumber, empresas de colonização responsáveis pela construção de uma estrada de ferro e pela administração de serrarias na área. Uma vez encerrados os trabalhos, as empresas simplesmente dispensaram os trabalhadores sem nenhuma indenização, o que levou muitos deles, impossibilitados de voltar a seus estados, a ficar vagando pela região. Sem instrução, sem destino, sem perspectivas, essas pessoas se mostravam dispostas a acreditar no primeiro que lhes acenasse com um mundo melhor.

Quando, em 1911, surgiu na região um líder religioso chamado Miguel Lucena de Boaventura, aquele fértil terreno espiritual estava pronto para a semeadura de sua pregação milenarista, baseada na crença da iminência de uma salvação coletiva. Barbudo e desdentado, Boaventura era um gaúcho mestiço de índio que desertara da Força Pública do Paraná. Apresentando-se como monge José Maria, o líder se dizia irmão e herdeiro do monge João Maria, que vivera no último decênio do século anterior. Na realidade, houve um terceiro monge, também de nome João Maria, que aparecera antes, mas os dois acabaram se confundindo na memória popular, transformando-se num só.

Praticando um catolicismo rústico, os monges do Brasil meridional correspondiam aos beatos do Nordeste, o que estabelece de saída um paralelo histórico com Canudos. A Guerra do Contestado, no entanto, apresentou uma singularidade: a ausência da personalidade central e marcante de um líder como Antônio Conselheiro.[35] O monge José Maria, que deu início ao movimento, morreria logo depois, em 1912, na primeira grande batalha contra o Exército. Seus milhares de seguidores passaram, então, a acreditar no regresso dos dois monges, o que emprestava ao movimento um cunho sebastianista.[36]

O movimento apresentava, também a exemplo de Canudos, fortes raízes anti-republicanas. Era tal a repulsa à República que nem o dinheiro emitido com a garantia do regime era aceito. Entre as normas da comunidade, havia uma que proibia, durante os saques que eram comuns, a apropriação de cédulas com os símbolos republicanos. Dinheiro bom eram as moedas do tempo do Império.[37] Os participantes da irmandade se consideravam monarquistas. Eles não vislumbravam, porém, uma instituição política – aspiravam a uma monarquia celestial.

Para o governo, no entanto, a ameaça era concreta. Os sertanejos controlavam grande parte do Contestado e, usando táticas de guerrilha, rechaçaram sete expedições enviadas para reprimir o movimento. Em mais um ponto de contato com Canudos, o Exército estava sendo vencido por "fanáticos". Com o objetivo de esmagar de vez a irmandade, Hermes da Fonseca

---

[35] Douglas Teixeira Monteiro, "Um Confronto Entre Juazeiro, Canudos e Contestado", em: *O Brasil Republicano – Sociedades e Instituições*, v. 9; p. 73.

[36] O termo tem origem numa crença mística propagada em Portugal logo após o desaparecimento em batalha, em 1578, do rei d. Sebastião, aos 24 anos. Acreditava-se que o rei retornaria para levar o país a um novo período de glórias. Mais tarde, esse tipo de messianismo se desenvolveu também no Brasil.

[37] Monteiro, *Um Confronto...*; p. 78.

mandou para a região o general Setembrino de Carvalho, responsável por ter sufocado vários levantes durante a "política das salvações". O Exército contou com o que havia de mais moderno, inclusive pequenos aviões para bombardeio, usados pela primeira vez no país. Dessa vez, os sertanejos não tiveram chance – e o desenlace sangrento do episódio é a última comparação com Canudos. Setembrino chegou à região no segundo semestre de 1914 – quase no final do governo de Hermes da Fonseca –, e um ano depois a rebelião estava praticamente liquidada. A última resistência foi vencida em 1916, quando pouco restava em pé na região. Em quatro anos de lutas, cerca de 20 mil homens, mulheres e crianças haviam morrido.

Quando o Contestado caiu, porém, a atenção das elites brasileiras já estava longe daquele sertão remoto do sul do Brasil. As oligarquias, perplexas, acompanhavam outra guerra, muito mais devastadora e travada num teatro de operações muito mais próximo de seus corações e mentes – a Europa.

5. A VOLTA DO CAFÉ-COM-LEITE

Quando Venceslau Brás (1868-1966) assumiu o governo, em 15 de novembro de 1914, a guerra na Europa começara havia apenas três meses e não estava ainda entre as preocupações do presidente. Venceslau tinha outras prioridades. Herdara um país castigado por guerras civis, agitações nas cidades e uma crise econômica, com altos índices de inflação e desemprego. Para o presidente, esse cenário trazia uma notícia ruim e uma boa. A ruim, claro, era que teria que lidar com uma situação adversa. A boa era que, não fosse tão negativo o saldo deixado por seu antecessor, ele não teria sido eleito.

A sucessão de Hermes da Fonseca começou a ser definida em abril de 1913, quando paulistas e mineiros firmaram o Pacto de Ouro Fino, o acordo informal selado na cidade de Minas Gerais que estabeleceu as bases para a volta da política do café-com-leite. A aliança entre duas oligarquias agrárias tinha um objetivo claro: neutralizar a presença dominante de Pinheiro

Machado na política nacional. A tarefa, facilitada pela baixa popularidade de Hermes da Fonseca, deu o resultado esperado ao inviabilizar a candidatura presidencial do senador gaúcho, o que determinou o início de seu ocaso político.

Venceslau não fora a primeira opção da aliança de Ouro Fino. O candidato seria Campos Salles, mas o ex-presidente morreu em junho, dois meses depois de firmado o pacto.[38] Rui Barbosa postulou novamente a Presidência, dessa vez com o apoio surpreendente de Pinheiro Machado, que teve um "gesto de superioridade sobre seus ressentimentos".[39] Percebendo-se sem chance, Rui Barbosa retirou a candidatura, o que não impediu que recebesse votação expressiva (ficou em segundo lugar, com quase 10% do meio milhão de votos do vencedor).

Contra Venceslau, poderia ter pesado o ônus do situacionismo. Tratava-se, afinal, do vice de um presidente desprestigiado. O candidato, no entanto, escapou da associação por ter se afastado do palácio do Catete durante o quadriênio de Hermes da Fonseca. A crônica da época fixou a imagem do Solitário de Itajubá, em referência ao hábito de Venceslau de passar o tempo pescando em sua fazenda nessa cidade mineira. A distância confortável do centro do poder lhe deu condição de fazer um discurso de oposição. Durante a campanha, disse que colocaria os interesses da nação acima dos partidos. Na realidade, tinha em mente um partido específico: o Partido Republicano Conservador, que Pinheiro Machado ajudara a fundar em 1910 para dar uma base nacional de sustentação a Hermes da Fonseca e viabilizar sua própria ambição presidencial.

---

[38] Edgard Carone, *A República Velha – Evolução Política* (São Paulo: Difel, 1971); p. 295.

[39] Faoro, *Os Donos...*; p. 603.

A oportunidade de afastar Pinheiro Machado se apresentou logo após a posse. Em 1914, Nilo Peçanha – que nessa altura já era ex-aliado do político gaúcho – venceu a eleição para governador do Rio de Janeiro. O ex-presidente fizera uma campanha popular, obtendo o apoio da classe média urbana. A Assembléia Legislativa, no entanto, sabidamente controlada por Pinheiro Machado, tentou empossar seu adversário. Uma multidão inconformada saiu às ruas, querendo linchá-lo. O presidente interveio para garantir a posse de Nilo Peçanha. Acuado, o todo-poderoso senador do último decênio foi considerado politicamente morto. Em setembro do ano seguinte, ao ser assassinado por um desempregado – nunca se soube se a mando de algum de seus muitos inimigos –, Pinheiro Machado não tinha mais a importância de pouco tempo antes.

A partir daí, não haveria mais grandes obstáculos para a política do café-com-leite, arranjo que, com um ou outro tropeço, se manteria no poder até o final da República Velha, em 1930.

O BRASIL NA GUERRA

Os conchavos da política brasileira disputavam espaço, na imprensa da época, com os despachos provenientes da Europa. A população queria notícias da guerra, iniciada em julho de 1914. Embora o conflito nada tivesse inicialmente a ver com o Brasil, o interesse era mais do que natural: tratava-se do supra-sumo da civilização ocidental se destruindo num confronto sangrento.

O que motivou a Primeira Guerra Mundial foram as rivalidades entre as principais alianças em que se dividia o continente: de um lado, a Alemanha e a Áustria; de outro, a França, a Grã-Bretanha e a Rússia. Havia ambições territoriais por parte de países que, por terem demorado a promover a unificação nacional, deixaram de participar da divisão colonial do mundo. Era o caso da Alemanha e da Itália, esta ao lado dos Aliados.

O conflito logo se generalizou com a participação de países de fora do continente, como o Japão, que apoiou os Aliados já em 1914, e os Estados Unidos, que só se decidiram em abril de 1917. A entrada dos norte-americanos neutralizaria a vantagem obtida pela Alemanha no *front* oriental, pouco mais de seis meses depois, com o armistício unilateral dos bolcheviques após terem tomado o poder na Rússia.[40]

Foi também no final desse ano que o Brasil declarou guerra à Alemanha. Alguns livros apontam a coincidência de a Revolução Russa e a entrada do Brasil na guerra terem ocorrido no mesmo dia. Não houve, porém, tal coincidência. A origem da confusão é que, na época, os russos ainda usavam o calendário juliano, que o Ocidente abandonara desde o final do século 16, quando o papa Gregório XIII o aperfeiçoou, instituindo o que leva seu nome. Entre os dois calendários, há uma diferença de 13 dias. Assim, pelo calendário gregoriano, a Revolução Russa é de 7 de novembro, e não de 25 de outubro (data que, no entanto, foi mantida na expressão "Revolução de Outubro").

---

[40] Bolcheviques eram os partidários de Lênin, líder da Revolução Russa. Eles fizeram prevalecer sua concepção marxista e comunista na disputa com os mencheviques, reformistas que defendiam uma aliança com a burguesia como meio de alcançar o socialismo.

A declaração de guerra do Brasil, em outubro, pôs fim a três anos de neutralidade. Nesse período, a maioria dos brasileiros era, previsivelmente, favorável ao lado em que se encontrava a França, país que exercia forte influência sobre as elites locais. O apoio aos Aliados, entretanto, não era unânime. O próprio ministro das Relações Exteriores, Lauro Müller, descendente de alemães, defendia o país de seus antepassados. No Exército, também havia divisão de opiniões. Vários oficiais mais graduados, entre eles alguns treinados pelo próprio Exército alemão, alinhavam-se com o império da Europa central. Cientes de que o Brasil não lutaria contra os Aliados, esses setores da sociedade se juntaram às colônias alemãs do sul do país para defender a neutralidade brasileira.

Essa posição se tornou insustentável no primeiro semestre de 1917, quando embarcações brasileiras foram atacadas pela Marinha alemã. Em retaliação, Venceslau Brás tomou navios mercantes alemães ancorados em portos brasileiros. Em 25 de outubro, mais um navio brasileiro foi afundado, levando o governo a declarar, em seguida, estado de guerra contra a Alemanha.

A participação militar do Brasil na guerra foi praticamente nula. O país enviou equipes médicas para a França e uma pequena força naval para a costa africana, onde grande parte da tripulação morreu vítima de gripe espanhola. Ao chegar a Gibraltar, na entrada do Mediterrâneo, a missão brasileira recebeu a notícia de que a guerra terminara. Depois da morte de 8,5 milhões de pessoas, o armistício, com a capitulação da Alemanha, foi assinado em 11 de novembro de 1918.

A guerra na Europa estrangulou o comércio internacional, pressionando os preços no mundo todo. No Brasil, a carestia esteve associada também à especulação provocada pela escassez de alimentos. A crise econômica engrossou o caldo do descontentamento popular, de onde surgiram as primeiras grandes greves no país.

Em meados de 1917, praticamente todos os 50 mil operários de São Paulo pararam por alguns dias os bairros industriais da cidade. O movimento foi reprimido pelo governo, mas no final houve negociação. Embora os trabalhadores tenham obtido aumento salarial, o ganho foi logo anulado pela inflação. As greves continuaram. Até 1920, São Paulo e Rio de Janeiro foram palco de centenas delas. Na capital, onde havia mais trabalhadores brasileiros, as paralisações, influenciadas por um movimento vagamente socialista, tinham caráter mais reivindicatório. Em São Paulo, devido à maior presença de estrangeiros, sobretudo imigrantes italianos e espanhóis, predominava o enfoque anarcossindicalista, segundo o qual as reivindicações imediatas seriam apenas um instrumento da grande ação revolucionária.[41]

A QUESTÃO SOCIAL

Embora tenha inscrito na agenda nacional a "questão social", como se dizia, a onda de greves não teve a menor influência no processo político. Na República Velha, como já se viu, o sistema de arranjo de cúpulas impedia que a insatisfação popular fosse canalizada para uma candidatura de oposição. Na realidade, o nome do sucessor fora decidido em março de 1917, pouco antes da eclosão das greves. Dessa vez, o arranjo polí-

---

[41] Boris Fausto, *História do Brasil* (São Paulo: Edusp, 1994); p. 297-303.

tico deixava menos arestas, logo aparadas. Depois do mineiro Venceslau Brás, seria a vez de um paulista, nos termos do acordo de Ouro Fino. O nome de consenso foi o do ex-presidente Rodrigues Alves.

A eleição transcorreu sem problemas em março de 1919. Rodrigues Alves, no entanto, já septuagenário, contraiu a gripe espanhola e não pôde tomar posse, em novembro. A epidemia, que chegara ao Brasil a bordo de um navio espanhol em 1918, mataria 300 mil pessoas no país. Rodrigues Alves foi uma delas. Sem ter tomado posse, o presidente eleito morreu em janeiro de 1919.

Sem Rodrigues Alves, ressurgiu o problema sucessório. Obedecendo à Constituição, o vice, Delfim Moreira, tomou posse e convocou novas eleições. Rui Barbosa se candidatou pela situação, mas não empolgou nem mesmo a elite de São Paulo, que o apoiara na disputa contra Hermes da Fonseca. Na convenção situacionista, realizada em fevereiro, o senador baiano perdeu para Epitácio Pessoa (1865-1942), da Paraíba. Nenhum dos dois estava presente ao evento. Rui Barbosa não apareceu para não ser conivente com o jogo que determinara de antemão o vencedor. Quanto a Epitácio Pessoa, nem se encontrava no Brasil. Chefiava, em Paris, a delegação brasileira que participou da assinatura do Tratado de Versalhes, em que os vencedores da guerra impuseram duras condições aos vencidos. O senador paraibano foi avisado por telegrama de sua vitória.

Desprezado pelas oligarquias dominantes, Rui Barbosa tentou então reeditar a Campanha Civilista de 1910, candidatando-se pela oposição. Não obteve o mesmo entusiasmo, mas polarizou a campanha ao provocar o debate sobre a questão social. Não que Rui Barbosa defendesse profundas transformações. No máximo, propunha a renovação do antigo conservadorismo. "Observe-se, para evitar equívocos, que não se trata de reivindicações operárias traduzidas em plataforma política, mas do prudente cuidado das elites de acomodá-las a uma direção, e, ao admiti-las, darlhes um rumo."[42]

Rui Barbosa insistia na revisão constitucional, intransigência que, aliás, lhe custara o apoio das oligarquias, inviabilizando sua candidatura pela situação. Para ele, a Carta impedia que se lidasse adequadamente com as crescentes demandas populares. Em discurso durante a campanha, expôs sua visão: "Criaram no Brasil a questão social. Ela urge conosco por medidas, que com seriedade atendam aos seus mais imperiosos reclamos. Mas como é que lhe atenderíamos nos limites estritos do nosso direito constitucional? Ante os nossos princípios constitucionais, a liberdade dos contratos é absoluta, o capitalista, o industrial, o patrão estão ao abrigo de interferências da lei, a tal respeito".[43]

O discurso de Rui Barbosa sensibilizou os assalariados dos centros urbanos, mas isso não seria suficiente. A eleição era um jogo de cartas marcadas, e, em abril de 1919, a oposição não teve nem metade dos votos dados a Epitácio Pessoa. O futuro presidente ainda se encontrava na Europa e só assumiria o cargo em julho.

Ao terem escolhido um paraibano, as elites de São Paulo e Minas Gerais evitaram um confronto que poderia ameaçar a política do café-com-leite. Na ausência de um nome paulista de consenso para substituir Rodrigues Alves, foi dada a Minas Gerais a opção

---

[42] Faoro, *Os Donos...*; p. 608.

[43] Faoro, *Os Donos...*; p. 609.

de indicar um candidato neutro, ou seja, proveniente de um estado de importância secundária, que não privilegiaria nem paulistas nem mineiros. Prestigiado por estar representando o Brasil em Versalhes, o senador Epitácio Pessoa tinha o perfil do político que a oligarquia agrária estava procurando.

Esperava-se dele, portanto, que zelasse pela cafeicultura. "O presidente não podia alhear-se do serviço aos interesses dominantes. No máximo, ser-lhe-ia permitido brincar com obras contra as secas, contanto que aprovasse a valorização do café."[44] E foi exatamente o que fez. Primeiro nordestino a ter ocupado a Presidência, Epitácio Pessoa construiu 200 açudes na região e, cedendo a pressões de São Paulo e Minas Gerais, emitiu, em 1920, o dinheiro necessário para custear o armazenamento de sacas de café em quantidade suficiente para fazer os preços subirem mais uma vez.

Ajudando os fazendeiros a contragosto, o presidente imprimiu a marca de um continuísmo relutante a seu governo. Epitácio Pessoa, no entanto, revelou-se mais autoritário e voluntarioso do que seus aliados imaginavam. Essa sua faceta, em parte decorrente do próprio temperamento, se manifestou logo na nomeação do ministério, quando enfrentou os militares com a inédita indicação de civis para as pastas da Guerra e da Marinha.

Ao desafiar os militares e se submeter aos cafeicultores, Epitácio Pessoa começava, talvez involuntariamente, a moldar os anos 20. Na economia, apesar das primeiras diversificações, seria mantido o domínio quase absoluto da agricultura de exportação. Na política, a inquietação militar provocaria uma série de revoltas que acabariam por derrubar a República Velha.

---

[44] Faoro, *Os Donos...*; p. 607.

Não se pode atribuir à Presidência de Epitácio Pessoa um sentido de governo de transição. Mas o fato é que, em 1920, o país deixara para trás a *Belle Époque* e se preparava para, mais adiante, inaugurar o Brasil moderno.

CRONOLOGIA

1900 – Campos Salles institui um mecanismo de verificação de poderes que, na prática, oficializa a fraude eleitoral típica da República Velha. Só tomam posse na Câmara e no Senado os eleitos "diplomados" por uma comissão controlada pelo Executivo.

1901 – Em Paris, o intrépido Santos-Dumont se torna o autor de mais uma façanha: contorna a torre Eiffel num balão dirigível.

1902 – Rodrigues Alves é eleito presidente da República, sucedendo Campos Salles, que, responsável por uma política deflacionária e recessiva, deixa o palácio do Catete sob intensa vaia.

1903 – Após negociação feita pelo barão do Rio Branco, é assinado o Tratado de Petrópolis, pelo qual o Acre é incorporado ao território brasileiro mediante pagamento de indenização à Bolívia.

1904 – A aprovação da lei que torna obrigatória a vacina contra a varíola se transforma no estopim da Revolta da Vacina.

1906 – Em fevereiro, os governadores dos estados de São Paulo, Minas Gerais e Rio de Janeiro assinam o Convênio de Taubaté, pressionando o governo federal a adotar uma política de valorização do café.
Em outubro, na capital francesa, Santos-Dumont é o primeiro a fazer um vôo público com um avião, o *14-Bis*.
Em novembro, toma posse o presidente Afonso Pena.

1907 – Realizada em Haia, na Holanda, a Segunda Conferência Internacional de Paz, em que se destaca Rui Barbosa, representante da delegação brasileira. Chamado de o Águia de Haia, defende a tese da igualdade jurídica dos Estados.

1908 – Realizada a Exposição Nacional, em comemoração ao primeiro centenário da Abertura dos Portos. O evento reflete a política de incentivo à indústria de Afonso Pena.
Por iniciativa do marechal Hermes da Fonseca, ministro da Guerra, é aprovada a Lei do Serviço Militar Obrigatório.

1909 – Afonso Pena morre a um ano e meio do final do mandato e é substituído pelo vice, Nilo Peçanha.
Lançada a Campanha Civilista, de Rui Barbosa, para contrastar com a candidatura militar de Hermes da Fonseca.

1910 – Em novembro, toma posse o marechal Hermes da Fonseca.
Uma semana depois da posse, tem início a Revolta da Chibata, quando marinheiros negros e mulatos se rebelam contra os castigos físicos.

1912 – Começa a Guerra do Contestado, revolta messiânica de fundo anti-republicano numa região disputada pelo Paraná e Santa Catarina. O episódio lembra Canudos.

1913 – Firmado o Pacto de Ouro Fino entre São Paulo e Minas Gerais. O acordo prevê a alternância no poder das duas oligarquias, que haviam sido derrotadas pelo senador gaúcho Pinheiro Machado, o grande responsável pela vitória de Hermes da Fonseca.

1914 – Em julho, começa a Primeira Guerra Mundial. Em novembro, toma posse Venceslau Brás, o primeiro presidente eleito como resultado do Pacto de Ouro Fino.

1915 – Em setembro, é assassinado no Rio de Janeiro o senador gaúcho Pinheiro Machado. Sem a influência dos tempos em que fazia presidentes, foi apunhalado pelas costas por um desempregado.

1916 – Termina a Guerra do Contestado, com a queda do último foco de resistência. A irmandade já fora esmagada no ano anterior pelo Exército, que pela primeira vez usou aviões em ataques.

Aprovado o Código Civil, de Clóvis Bevilacqua. O texto, de enfoque patriarcal, reflete a moral e os costumes da época. Após algumas reformas, só seria oficialmente revogado pelo Código de 2002, que vigora a partir de 2003.

1917 – Deflagrada uma onda de greves em São Paulo e no Rio de Janeiro. As paralisações se repetiriam com intensidade até 1920.

Depois de ter navios mercantes afundados pela Marinha alemã, o Brasil põe fim à neutralidade de três anos e, em outubro, declara guerra à Alemanha. A participação militar brasileira, porém, será quase nula.

1918 – Milhares de pessoas morrem com a epidemia da gripe espanhola.
Termina a Primeira Guerra Mundial. O armistício é assinado em novembro.

1919 – O presidente eleito, Rodrigues Alves, morre em janeiro sem ter tomado posse, vítima da gripe espanhola.
Em junho, é assinado o Tratado de Versalhes. O Brasil é representado por Epitácio Pessoa, eleito presidente da República enquanto participava dos trabalhos.
Rui Barbosa tenta relançar a Campanha Civilista contra Epitácio Pessoa, mas é derrotado pela segunda e última vez.

Rui Barbosa em Haia (1907)

BIBLIOGRAFIA

A historiografia contemporânea tem boas sínteses da história do Brasil num único volume. Uma das mais abrangentes é *História do Brasil*, de Boris Fausto (São Paulo: Edusp, 1994). No factual, poupa o leitor de pormenores enfadonhos; na análise, esboça os argumentos principais. Os primeiros 20 anos do século passado estão tratados entre as páginas 243 e 295.

Uma História do Brasil (São Paulo: Paz e Terra, 2000), do brasilianista Thomas Skidmore, oferece uma versão mais condensada. Resume o período aqui abordado entre as páginas 110 e 143. Ambos os livros se dedicam também a questões sociais e econômicas.

A abordagem de *Trajetória Política do Brasil – 1500-1964* (São Paulo: Companhia das Letras, 2000), de Francisco Iglésias, é mais interpretativa e focada na evolução política. Embora sem privilegiar os fatos, o autor não pressupõe o conhecimento profundo do leitor. As duas primeiras décadas do século 20 estão em 20 páginas: da 200 à 220.

Se preferir a ênfase factual, leia Hélio Silva. Em três livros, o historiador se dedica ao período republicano aqui tratado: *O Poder Civil*, *Luta pela Democracia* e *Entre a Paz e a Guerra* (São Paulo: Ed. Três, 1975). O autor desce com freqüência a detalhes que podem ser úteis para uma pesquisa mais pontual.

A República Velha – Evolução Política (São Paulo: Difel, 1971), de Edgard Carone, tem uma periodização que facilita a consulta: cada capítulo é dedicado a um governo. De Campos Salles a Epitácio Pessoa – o primeiro e o último presidente nesses 20 anos –, são mais de 150 páginas: da 174 à 326. Ao apresentar o livro, o sociólogo Fernando Henrique Cardoso escreveu na época: "As estruturas sociais estão sempre subjacentes à análise, mas não limitam a ação dos grupos como se fossem o destino na fábula grega".

No segundo dos quatro volumes da *História Sincera da República – de 1889 a 1930* (São Paulo: Alfa-Ômega, 1986), Leôncio Basbaum faz uma análise marxista do período.

Alguns clássicos devem ser lidos, para melhor compreensão do período. Escrito nos anos 50, *Os Donos do Poder – Formação do Patronato Político Brasileiro* (São Paulo: Globo, 1997, 13ª ed.), de Raymundo Faoro, mantém a atualidade e continua indispensável (publicado em dois tomos em 1958, está disponível desde 2001 num único volume). Embora a linguagem seja barroca, por vezes muito retorcida, a leitura flui assim que nos familiarizamos com o estilo. O ensaio é reconhecido como um dos mais eruditos e ambiciosos sobre a história brasileira. O assunto que aqui nos interessa está concentrado entre as páginas 561 e 619.

Formação Econômica do Brasil (São Paulo: Publifolha, 2000, sob licença da Companhia Editora Nacional), de Celso Furtado, é outro clássico. Contemporâneo de *Os Donos do Poder*, o livro, de 1957, é um tratado sobre a economia brasileira a partir de uma visão keynesiana, ou seja, crítica dos mecanismos do mercado, sem ser marxista. A análise do período aqui abordado está entre as páginas 173 e 206.

Da coleção *História Geral da Civilização Brasileira*, dois volumes, dirigidos por Boris Fausto, tratam da República Velha: *Brasil Republicano – Estrutura de Poder e Economia* e *Brasil Republicano – Sociedade e Instituições* (Rio de Janeiro: Bertrand Brasil, 1997, 5ª e 6ª ed.). Entre os autores convidados, estão Paul Singer, Francisco de Oliveira, Joseph Love, Paulo Sérgio Pinheiro, Alfredo Bosi e o sociólogo Fernando Henrique Cardoso.

Dos relatos da época, talvez o melhor seja o de Rui Barbosa, reunido em *Rui Barbosa – Escritos e Discursos Seletos* (Rio de Janeiro: Nova Aguilar, 1997). Ao ter provocado o Encilhamento e disputado as duas mais acirradas campanhas presidenciais da República Velha, o intelectual baiano foi uma das personagens mais importantes do período.

É impossível dissociar a história política da econômica. Os primeiros 20 anos do século 20 foram influenciados pelos últimos dez do século anterior, quando a República se firmava como regime novo. Duas análises desse período são *A Crise Financeira da Abolição – 1875-1901* (São Paulo: Edusp, 1996), de John Schulz, e o acadêmico *A Década Republicana – O Brasil e a Economia Internacional – 1888-1900* (Rio de Janeiro: Ipea, 1991), de Gustavo Franco. Há em ambos, com graus diferentes, um viés favorável à reforma monetarista de Campos Salles. Um contraponto a essa visão se encontra em *História Monetária do Brasil* (Brasília: Ed. da UnB, 1981, 2ª ed.), de Carlos Manuel Peláez e Wilson Suzigan.

Um dos episódios historicamente mais ricos do período, a Revolta da Vacina, tem enfoques complementares em dois livros: *Os Bestializados – o Rio de Janeiro e a República Que Não Foi* (São Paulo: Companhia das Letras, 2000, 3ª ed.), de José Murilo de Carvalho, e *A Revolta da Vacina - Mentes Insanas em Corpos Rebeldes* (São Paulo: Scipione, 2001), de Nicolau Sevcenko.

Há toda uma bibliografia que se concentra em anedotas e costumes da época. *Histórias de Presidentes – a República no Catete* (Petrópolis: Vozes/Fundação Casa de Rui Barbosa, 1989), de Isabel Lustosa, mostra o lado irreverente da República Velha, em que os políticos são objeto de versos irônicos e marchinhas de carnaval. Num registro mais ensaístico, o carnaval na República Velha é tratado em *Ecos da Folia – uma História Social do Carnaval entre 1880 e 1920* (São Paulo: Companhia das Letras, 2001). Em *História da Vida Privada no Brasil – República: da* Belle Époque *à Era do Rádio* (São Paulo: Companhia das Letras, 1998), terceiro volume da série, organizado por Nicolau Sevcenko, destacam-se os estudos "A Dimensão Cômica da Vida Privada na República", de Elias Thomé Saliba, e "A Capital Irradiante: Técnica, Ritmos e Ritos do Rio", do próprio Sevcenko. *1890-1914 – no Tempo das Certezas* (São Paulo: Companhia das Letras, 2000), de Angela Marques da Costa e Lilia Moritz Schwarcz, da série *Virando Séculos*, traz um painel focado na cultura e nas muitas invenções da época. Os quatro primeiros volumes da coleção *Nosso Século* (São Paulo: Abril Cultural, 1985) formam um mosaico do período, com farta iconografia.

Não há muitas obras de referência, organizadas em verbetes, além do que se encontra disperso em enciclopédias de assuntos gerais. O *Dicionário do Voto* (Brasília: Ed. da Unb, 2000), de Walter Costa Porto, sem se deter apenas na República Velha, ajuda a preencher a lacuna.

SOBRE O AUTOR

Oscar Pilagallo é autor de *O Brasil em Sobressalto – 80 Anos de História Contados Pela Folha* (Publifolha, 2002) e *A Aventura do Dinheiro – uma Crônica da História Milenar da Moeda* (Publifolha, 2000). Jornalista desde 1975, trabalhou no *Diário Comércio e Indústria*, na *Gazeta Mercantil* e, entre 1986 e 1991, no Serviço Brasileiro da BBC de Londres. Atualmente, é repórter especial da *Folha*, onde foi editor do caderno "Dinheiro" entre 1996 e 2000. Em 1993, recebeu o Prêmio Esso de Reportagem Especializada.

FOLHA EXPLICA

Folha Explica é uma série de livros breves, abrangendo todas as áreas do conhecimento e cada um resumindo, em linguagem acessível, o que de mais importante se sabe hoje sobre determinado assunto.

Como o nome indica, a série ambiciona *explicar* os assuntos tratados. E fazê-lo num contexto brasileiro: cada livro oferece ao leitor condições não só para que fique bem informado, mas para que possa refletir sobre o tema, de uma perspectiva atual e consciente das circunstâncias do país.

Voltada para o leitor geral, a série serve também a quem domina os assuntos, mas tem aqui uma chance de se atualizar. Cada volume é escrito por um autor reconhecido na área, que fala com seu próprio estilo. Essa enciclopédia de temas é, assim, uma enciclopédia de vozes também: as vozes que pensam, hoje, temas de todo o mundo e de todos os tempos, neste momento do Brasil.

1 MACACOS — Drauzio Varella
2 OS ALIMENTOS TRANSGÊNICOS — Marcelo Leite
3 CARLOS DRUMMOND DE ANDRADE — Francisco Achcar
4 A ADOLESCÊNCIA — Contardo Calligaris
5 NIETZSCHE — Oswaldo Giacoia Junior
6 O NARCOTRÁFICO — Mário Magalhães
7 O MALUFISMO — Mauricio Puls
8 A DOR — João Augusto Figueiró
9 CASA-GRANDE & SENZALA — Roberto Ventura
10 GUIMARÃES ROSA — Walnice Nogueira Galvão
11 AS PROFISSÕES DO FUTURO — Gilson Schwartz
12 A MACONHA — Fernando Gabeira
13 O PROJETO GENOMA HUMANO — Mônica Teixeira
14 A INTERNET — Maria Ercilia
15 2001: UMA ODISSÉIA NO ESPAÇO — Amir Labaki
16 A CERVEJA — Josimar Melo
17 SÃO PAULO — Raquel Rolnik
18 A AIDS — Marcelo Soares
19 O DÓLAR — João Sayad
20 A FLORESTA AMAZÔNICA — Marcelo Leite
21 O TRABALHO INFANTIL — Ari Cipola
22 O PT — André Singer

23	O PFL	Eliane Cantanhêde
24	A ESPECULAÇÃO FINANCEIRA	Gustavo Patú
25	JOÃO CABRAL DE MELO NETO	João Alexandre Barbosa
26	JOÃO GILBERTO	Zuza Homem de Mello
27	A MAGIA	Antônio Flávio Pierucci
28	O CÂNCER	Riad Naim Younes
29	A DEMOCRACIA	Renato Janine Ribeiro
30	A REPÚBLICA	Renato Janine Ribeiro
31	RACISMO NO BRASIL	Lilia Moritz Schwarcz
32	MONTAIGNE	Marcelo Coelho
33	CARLOS GOMES	Lorenzo Mammì
34	FREUD	Luiz Tenório Oliveira Lima
35	MANUEL BANDEIRA	Murilo Marcondes de Moura
36	MACUNAÍMA	Noemi Jaffe
37	O CIGARRO	Mario Cesar Carvalho
38	O ISLÃ	Paulo Daniel Farah
39	A MODA	Erika Palomino
40	ARTE BRASILEIRA HOJE	Agnaldo Farias
41	A LINGUAGEM MÉDICA	Moacyr Scliar
42	A PRISÃO	Luís Francisco Carvalho Filho
43	A HISTÓRIA DO BRASIL NO SÉCULO 20 (1900-1920)	Oscar Pilagallo

Este livro foi composto nas fontes Bembo
e Geometr 415 e impresso em fevereiro
de 2002 pela Donnelley Cochrane –
Brasil, sobre papel offset 90 g/m², com
fotolitos fornecidos pela Publifolha.